TESTUJ SWÓJ POLSKI
TEST YOUR POLISH

SŁOWNICTWO 1

Justyna Krztoń

Prolog
PUBLISHING

Redaktor prowadzący serię TESTUJ SWÓJ POLSKI: Mariusz Siara

Redakcja merytoryczna i językowa:
Joanna Dziubińska, Magdalena Frankowska, Justyna Krztoń, Magdalena Sokołowska, Agata Stępnik-Siara

Tłumaczenie na język angielski: Joanna Dziubińska, Ron Mukerji

Rysunki: Ksenia Berezowska, Paweł Kołodziejski, Katarzyna Krzykawska, Iza Murzyn

Projekt okładki: Paweł Gąsienica-Marcinowski

Projekt graficzny i skład: Studio Quadro

Przygotowanie wydania II: Pracownia Słowa

Autorki oraz Wydawca serii TESTUJ SWÓJ POLSKI pragną podziękować wszystkim, którzy przyczynili się do powstania serii, w szczególności Barbarze Owsiak. Autorka oraz Wydawca pierwszej w serii książki TESTUJ SWÓJ POLSKI – SŁOWNICTWO 1 pragną także podziękować osobom, które pomogły w przygotowaniu książki do druku, przede wszystkim Nelli Sierżanowej i Marysi Siarze. Za inspiracje Autorka dziękuje Marzenie Bzdek, Magdzie Frankowskiej, Krysi Gołdzie oraz Ani Maciejasz.

Copyright © by PROLOG Szkoła Języków Obcych, Kraków 2014

Wydanie II
ISBN 978-83-60229-83-5
Druk: Drukarnia Colonel

PROLOG Szkoła Języków Obcych
ul. Bronowicka 37, 30-084 Kraków
tel./faks +48 12 638 45 50, tel. +48 12 638 45 25
e-mail: books@prolog.edu.pl
sklep online: www.prologpublishing.com

Spis treści

1.	Owoce i warzywa	5
2.	Bluzka, szynka, bułka…	6
3.	Jaki on jest?	7
4.	Kolory	8
5.	Paweł umie… prawie wszystko	10
6.	Kot to nie koc	12
7.	Czy to prawda?	13
8.	Kucharka, aktorka, sekretarka…	14
9.	Dlaczego? Bo…	15
10.	Oferta kulturalna	16
11.	Hotel, fotel	18
12.	Lista zakupów	19
13.	Co na zimę? Co na lato?	20
14.	Polska, Polak, Polka	22
15.	Pisarz pisze	23
16.	O której godzinie? Kiedy?	24
17.	Co to jest?	26
18.	SMS do…	27
19.	Nie wiem…	28
20.	Kartka z urlopu w Grecji	29
21.	Czy oni dobrze reagują?	30
22.	On / Ona jest chirurgiem	32
23.	Dom	34
24.	Oni marzą o…	36
25.	Komplementy	38
26.	Gdzie?	39
27.	Prognoza pogody	40
28.	Kto ma dzisiaj imieniny?	42
29.	Lekarz, konduktor, dentysta…	43
30.	Co oni mówią?	44
31.	Szafa, szympans, szuflada…	46
32.	Wszystkiego najlepszego!	47
33.	Skąd oni są? Co oni lubią?	48
34.	Bartek był całe życie szczęśliwy	50
35.	Jestem z Polski	52
36.	Kuchnia	53
37.	Jaka to kategoria?	54
38.	Amelia gra na gitarze	55
39.	Weronika jest wegetarianką	56
40.	Ulubiony…, ulubiona…, ulubione…	58
41.	Łazienka	59
42.	Ubrania	60
43.	Meble	62
44.	Problemy w hotelu	64
45.	Piękne ciało	66
46.	Woda jest… wszędzie	68
47.	Łyżka, widelec, nóż	69
48.	Jaka jest pogoda?	70
49.	Rodzina. Kto jest kim?	72
50.	Niemiec, Hiszpanka, Anglik	74
51.	Ulica	75
52.	Miłego weekendu!	76
53.	Jak się nazywa to zwierzę?	77
54.	Miasto	78
55.	Zimno mi	80
56.	Kto jeździ motocyklem?	82
57.	Żółty ser czy biały ser?	84
58.	Kleopatra była…	85
59.	Jaka to kuchnia?	86
60.	Gdzie kupisz te produkty?	87
61.	Dwa, trzy, cztery…	88
62.	Jaki prezent dla…?	90
63.	To są…	92
64.	Co nie pasuje?	93
65.	Pierogi z kapustą	94
66.	On jeździ na rowerze	95
67.	Sklepy	96
68.	Co oni robią?	98
69.	Z czym oni mają problem?	100
70.	Mała czy duża litera?	102
	Słowniczek	103
	Klucz	124

Seria TESTUJ SWÓJ POLSKI przeznaczona jest dla wszystkich, którzy chcą dobrze mówić po polsku, a jednocześnie lubią łączyć naukę języka z zabawą.
Nauka słówek i wyrażeń z książką TESTUJ SWÓJ POLSKI – SŁOWNICTWO 1 jest łatwa, a jednocześnie bardzo efektywna. Bogato i dowcipnie ilustrowane ćwiczenia zawierają tematycznie pogrupowane słownictwo w ilości optymalnej do łatwego przyswojenia. Uczący się zachowuje maksymalną autonomię w wyborze wykonywanych ćwiczeń, ponieważ są niezależne od siebie i mogą być wykonywane w dowolnej kolejności. Polecamy kilkukrotne, rozłożone w czasie rozwiązywanie poszczególnych ćwiczeń. Sukces gwarantowany ☺.
Zbiór ćwiczeń TESTUJ SWÓJ POLSKI – SŁOWNICTWO 1 można wykorzystać do samodzielnej nauki oraz jako materiał pomocniczy do zajęć w grupie. Samodzielną pracę ułatwia zamieszczony słowniczek polsko-angielski i polsko--niemiecki oraz klucz.
Sugerowany poziom to A1 do A2 (wg CEFR), przy czym w książce okazjonalnie pojawia się również słownictwo wykraczające poza te poziomy.

Życzymy dobrej zabawy i sukcesów w nauce języka polskiego!
Autorka i Redakcja

The series TESTUJ SWÓJ POLSKI (TEST YOUR POLISH) has been written for learners who wish to improve their Polish through using fun and engaging learning techniques.
Learning new words and phrases from the book TESTUJ SWÓJ POLSKI – SŁOWNICTWO 1 (TEST YOUR POLISH – VOCABULARY 1) is easy and effective. The richly and wittily illustrated exercises present an optimal amount of vocabulary for a language learner, grouped by theme. The exercises can be done independently of each other in any order, so the learner has complete freedom when choosing which ones to do. We recommend doing the tasks at least twice, allowing time between attempting the exercises. This will guarantee success ☺.
To make the book friendly to the self-study learner, an answer key and Polish--English and Polish-German glossaries are included. The exercises from TESTUJ SWÓJ POLSKI – SŁOWNICTWO 1 can also be used effectively for groups of Polish language learners. The suggested level is A1 to A2 (according to CEFR), though more advanced users may also find some challenging vocabulary.

We wish you fun and success in learning Polish!
Author and Publisher

1 Owoce i warzywa

Match the numbers in the picture to the words.

OWOCE
_9_ jabłko
___ gruszka
___ banan
___ ananas
___ truskawka
___ śliwka

WARZYWA
_1_ pomidor
___ ogórek
___ kapusta
___ ziemniak
___ por
___ sałata

1 SŁOWNICTWO

2 | Bluzka, szynka, bułka…

Complete the word under each picture. Choose from the box below.

1. _bluz_ ka
2. _____ka
3. _____ka
4. _____ka
5. _____ka
6. _____ka
7. _____ka

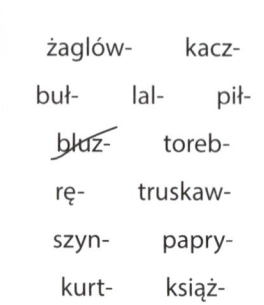

żaglów-   kacz-
buł-   lal-   pił-
~~bluz-~~   toreb-
rę-   truskaw-
szyn-   papry-
kurt-   książ-

8. _____ka
9. _____ka
10. _____ka
11. _____ka
12. _____ka
13. _____ka

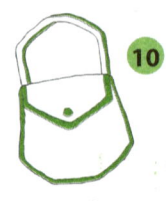

6   SŁOWNICTWO 1

3 Jaki on jest?

Write the opposites of the adjectives given.

Marek jest:
1. młody
2. gruby
3. chory
4. smutny
5. niewysportowany
6. brzydki
7. niski
8. głupi
9. sympatyczny

Darek jest:
1. s _t_ _a_ _r_ _y_
2. s _ _ _ _ _ _ _
3. z _ _ _ _ _
4. w _ _ _ _ _
5. w _ _ _ _ _ _ _ _ _ _
6. p _ _ _ _ _ _ _ _
7. w _ _ _ _ _
8. m _ _ _ _
9. n _ _ _ _ _ _ _ _ _ _ _

Marek ma:
1. d _ _ _ _ samochód
2. m _ _ _ dom
3. b _ _ _ _ _ _ ogród
4. s _ _ _ _ garaż
5. j _ _ _ _ salon
6. w _ _ _ _ _ _ fotel
7. a _ _ _ _ _ _ _ _ _ _ psa

Darek ma:
1. tani samochód
2. duży dom
3. ładny ogród
4. nowy garaż
5. ciemny salon
6. niewygodny fotel
7. łagodnego psa

1 SŁOWNICTWO 7

4 Kolory

A Write the correct word under each picture. Choose from the box below.

1. _pomarańcza_
2. _____ 
3. _____ 

śnieg	niebo	czekolada	~~pomarańcza~~
ogórek	noc	cytryna	truskawka
tęcza			śliwka

4. _____
5. _____
6. _____
7. _____
8. _____
9. _____
10. _____

8 SŁOWNICTWO 1

B Underline the colour in each list.

1. niedziela, <u>niebieski</u>, niebo
2. pomarańcza, pomarańczowy, pomidor
3. biały, buty, biedny
4. zimny, ziemniak, zielony
5. żółty, zawsze, żaba
6. brązowy, brzydki, bułka
7. czas, czarny, czasami
8. czysty, cześć, czerwony
9. fioletowy, fajny, filiżanka
10. róża, różowy, rower

C Solve the crossword.

Poziomo:
3. …jak niebo
5. …jak pomarańcza
8. …jak śnieg
9. …jak śliwka
10. …jak czekolada

Pionowo:
1. …jak ogórek
2. …jak tęcza
4. …jak noc
6. …jak truskawka
7. …jak cytryna

						1			
	2 K		3						
	O	4							
	L								
5 P	O	M	A	R	A	Ń	6 C	Z	O	W	Y
	R								7
	O								
	W					8			
	Y								
			9						
	10								

I SŁOWNICTWO 9

5 Paweł umie… prawie wszystko

Complete the sentences with the verbs from the box below.

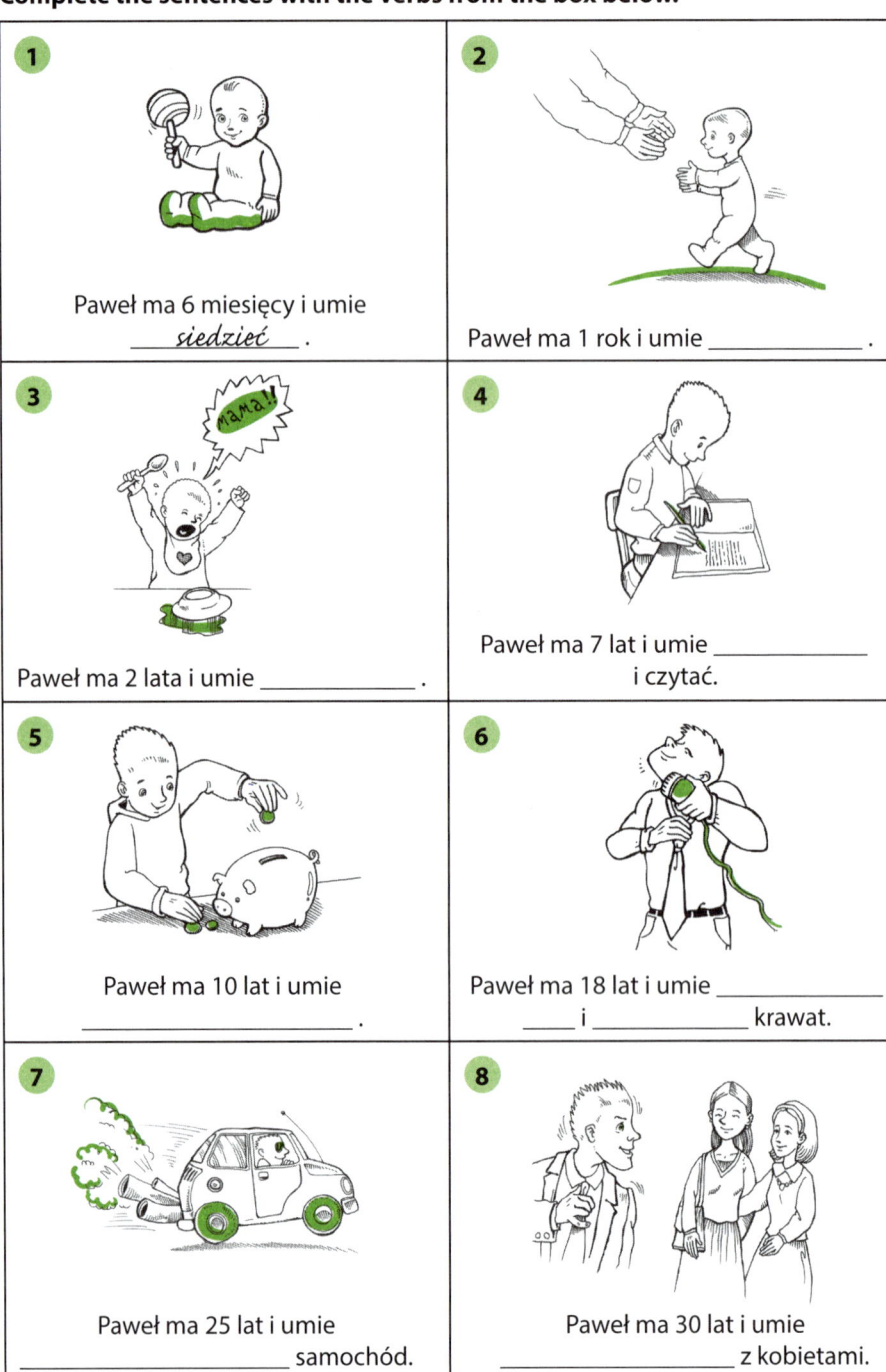

1. Paweł ma 6 miesięcy i umie _siedzieć_ .

2. Paweł ma 1 rok i umie _____ .

3. Paweł ma 2 lata i umie _____ .

4. Paweł ma 7 lat i umie _____ i czytać.

5. Paweł ma 10 lat i umie _____ .

6. Paweł ma 18 lat i umie _____ i _____ krawat.

7. Paweł ma 25 lat i umie _____ samochód.

8. Paweł ma 30 lat i umie _____ z kobietami.

9. Paweł ma 40 lat i umie _____ .

10. Paweł ma 50 lat i umie _____ na giełdzie.

11. Paweł ma 60 lat i umie _____ .

12. Paweł ma 70 lat i umie cierpliwie _____ .

13. Paweł ma 80 lat i umie _____ .

14. Paweł ma 90 lat i umie _____ .

15. Paweł ma 100 lat i umie _____ ___ , nawet kiedy pada deszcz.

chodzić   czekać   golić się   gotować   grać

mówić   opowiadać   oszczędzać   pisać

prowadzić   flirtować   ~~siedzieć~~   słuchać

śmiać się   tańczyć   wiązać

6 | Kot to nie koc

Underline the word shown in the picture.

1. <u>ogórek</u>, ogródek
2. koc, kot 
3. kuchenka, kuchnia 
4. apteka, apteczka 
5. oko, okno 
6. kwiaciarnia, księgarnia 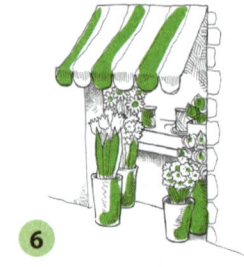
7. plecy, plecak 
8. lis, list 
9. łóżko, łyżka 
10. masło, miasto 
11. balkon, balon 
12. noc, nos
13. piekarz, piekarnik 
14. ser, sernik 
15. spodnie, spódnica 

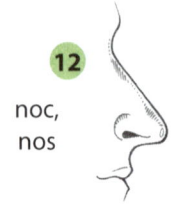

12 SŁOWNICTWO 1

7 Czy to prawda?

True or false?

		PRAWDA	FAŁSZ
1	Ania jest córką mojej siostry. To moja siostrzenica.	✓	
2	Rafał ma bardzo dobrą pracę. On jest bezrobotny.		
3	W kuchni zwykle stoi wanna.		
4	Pani Nowak ma dużo pieniędzy. Ona jest bogata.		
5	Na przystanku autobusowym ludzie czekają na pociąg.		
6	Idę do apteki, bo muszę kupić aspirynę.		
7	Kasia często płacze. Ona jest wesołym dzieckiem.		
8	Kwiaty kupujemy w księgarni.		
9	Pan Hojda ma 205 cm wzrostu. On jest bardzo niski.		
10	Bigos to typowe danie wegetariańskie.		
11	Kawa i herbata to napoje bezalkoholowe.		
12	Barszcz czerwony to tradycyjna, włoska zupa.		
13	Jestem głodny. Muszę coś zjeść.		
14	Mój mąż jest pracoholikiem. On nigdy nie pracuje.		
15	W lecie często pada śnieg.		

8 | Kucharka, aktorka, sekretarka…

A Wordsearch. Find 14 professions (feminine forms). → ↑ ↓ ←

D	F	G	W	E	R	T	A	S	Z	O	P	T
D	N	A	U	C	Z	Y	C	I	E	L	K	A
Z	U	A	K	Z	C	A	M	U	Ł	T	W	N
X	D	A	S	M	B	N	J	L	O	I	I	C
C	A	K	E	L	N	E	R	K	A	S	Ą	E
B	S	T	K	U	E	S	W	Z	B	Y	G	R
Ę	Y	O	R	Z	R	O	U	I	E	P	O	K
N	S	R	E	S	D	P	I	S	A	R	K	A
A	T	K	T	L	Ę	Z	A	A	K	A	A	I
K	E	A	A	S	F	E	K	T	U	K	Z	M
R	N	U	R	B	Y	F	A	I	C	Z	O	A
E	T	S	K	O	S	A	K	I	H	C	P	L
J	K	W	A	D	F	W	R	O	A	A	C	A
Z	A	Y	I	P	K	C	A	P	R	M	K	R
Y	U	B	N	Ą	Ą	Z	K	R	K	K	S	K
R	S	D	F	O	H	Y	E	O	A	S	D	A
F	J	C	G	A	P	N	L	T	D	B	F	P
D	Z	I	E	N	N	I	K	A	R	K	A	U
K	A	K	T	N	A	T	K	E	J	O	R	P
Z	C	B	N	A	S	D	F	G	H	J	L	O

B Write the masculine forms of the professions from exercise A as in the example.

kobieta	mężczyzna	kobieta	mężczyzna
1. aktorka	*aktor*	8. kucharka	*kucharz*
2. projektantka		9. dziennikarka	
3. tłumaczka		10. malarka	
4. asystentka		11. pisarka	
5. fryzjerka		12. tancerka	
6. nauczycielka		13. sekretarka	
7. kelnerka		14. lekarka	

9 Dlaczego? Bo...

Find the right ending for every sentence.

Czytam codziennie gazety, bo — 1

Alicja nie musi gotować, bo — 2

Kupiłem samochód, bo — 3

Sabina uczy się języka japońskiego, bo — 4

Darek nie je mięsa, bo — 5

Idę do lekarza, bo — 6

Co roku jeździmy na urlop do Włoch, bo — 7

Zima jest moją ulubioną porą roku, bo — 8

Marzena nie je słodyczy, bo — 9

Musicie kupić fajny prezent dla Marka, bo — 10

Zawsze mam przy sobie iPoda, bo — 11

Moja dziewczyna nigdy nie kupuje książek w księgarni, bo — 12

a) nie lubię jeździć tramwajami.

b) ma w niedzielę urodziny.

c) bardzo źle się czuję.

d) kupiła nowe bikini i jest na diecie.

e) lubię jeździć na nartach.

f) woli kupować w Internecie.

g) jej chłopak jest Japończykiem.

h) kochamy klimat i kuchnię włoską.

i) jej mąż jest świetnym kucharzem.

j) nie mogę żyć bez muzyki.

k) jest wegetarianinem.

l) interesuję się polityką.

1	2	3	4	5	6	7	8	9	10	11	12
l											

1 SŁOWNICTWO

10 Oferta kulturalna

Match each advertisement to the right person.

6 — Marek śpi w dzień. W nocy spotyka się z kolegami. Testuje nowe drinki. Słucha supermuzyki. Czasem tańczy. Flirtuje z pięknymi dziewczynami.

◯ — Pani Ania ma 55 lat i jest aktywną kobietą. Chce być w formie i mieć ładną figurę. Pracuje bardzo dużo, ale na aerobic ma zawsze czas.

◯ — Maciek bardzo dobrze gotuje. Lubi polską kuchnię, ale szuka nowych inspiracji. Jego ostatnia fascynacja to kuchnia azjatycka.

◯ — Pan Piotr gra na saksofonie jazz. Kocha też muzykę klasyczną. Regularnie chodzi na koncerty do filharmonii.

◯ — Pan Zenon ma 75 lat. Kupił komputer i chce nauczyć się korzystać z Internetu.

◯ — Basia jest kinomanką. Chodzi do kina w każdy weekend. Czasem nawet na dwa filmy. Lubi nie tylko kino europejskie.

1

Sylwester w kinie!

31.12. maraton filmowy w kinie „Fantazja".
Początek o godz. 20.00.
Proponujemy do północy kino europejskie.
O godz. 24.00 szampan GRATIS!
Po godz. 24.00 Bollywood.
O godz. 6.00 mocna kawa GRATIS!
Cena biletu 60 zł.
Zapraszamy!

ul. Kijowska 107
Rezerwacja biletów: 22 567 45 52

2

Fitness klub dla kobiet w wieku od 1 roku do 100 lat.
Indoor cycling, joga, aerobic, sauna, kort tenisowy, basen.
Godziny otwarcia:
od poniedziałku do piątku 6.00–22.00,
sobota, niedziela 6.00–20.00.

ul. Zbronowicka 34,
tel. 765 436 988

3

Kursy komputerowe dla seniorów.
– Obsługa komputera
– Internet
Zajęcia w każdy piątek od 10.00 do 12.00. Cena kursu 200 zł.

Informacja: Jan Nowak, doświadczony nauczyciel informatyki, tel. 405 567 876

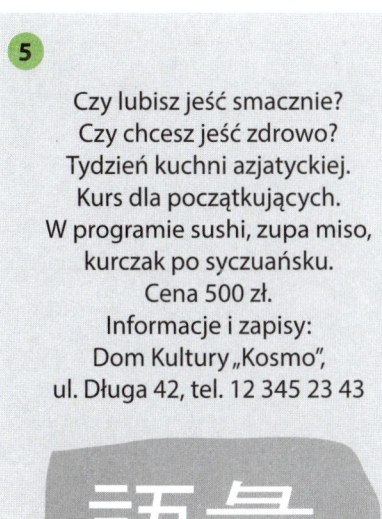

4

JAZZOWE LATO
w Krakowie

Zapraszamy na jazzowe koncerty w każdą niedzielę /od czerwca do września/ na Rynek Główny. Muzycy z USA, Argentyny, Francji i Wielkiej Brytanii.

Szczegółowy program na www.jazzowelato.krakow.pl

5

Czy lubisz jeść smacznie?
Czy chcesz jeść zdrowo?
Tydzień kuchni azjatyckiej.
Kurs dla początkujących.
W programie sushi, zupa miso, kurczak po syczuańsku.
Cena 500 zł.
Informacje i zapisy:
Dom Kultury „Kosmo",
ul. Długa 42, tel. 12 345 23 43

語彙

6

Till

Uwaga! Nowy irlandzki PUB „Till" na Starym Mieście. Irlandzka atmosfera, polskie piwo, muzyka live.

Pierwszy drink GRATIS!
W poniedziałki i czwartki od 20.00 do 21.00.

Stare Miasto 5

11 Hotel, fotel

A Which ending fits both words in each pair?

-ak

-on

-arz

-el

1	balk _on_	makar _on_
2	telewiz____	kalkulat____
3	kurcz____	plec____
4	zegar____	kwiat____
5	hot____	fot____
6	biusto____	listo____
7	lek____	mal____
8	fryzj____	keln____

-or

-nosz

-er

-ek

B Write words from exercise A next to the correct pictures.

1. | b | i | u | s | t | o | n | o | s | z |

2. | | | | | | | | | |

3. | | | | | | | | |

4. | | | | | | | |

5. | | | | | | | |

6. | | | | | |

7. | | | | | |

18 SŁOWNICTWO 1

12 | Lista zakupów

Match each shopping list to the right person.

_5_   Marzena musi kupić coś do pisania, bo zaczyna się nowy rok szkolny.

_____   Maria nie ma na zimę ciepłych butów, czapki, kurtki. Nie ma też rękawiczek.

_____   Zuzia i Mirek są wegetarianami. Lubią ostre przyprawy.

_____   Pani Gawęda ma dwa koty. Lubi słodycze. Codziennie na śniadanie je musli z mlekiem. Zawsze wieczorem pije czerwone wino i je dobry ser.

_____   Barbara lubi dobrą kawę ze śmietanką. Je dużo warzyw i owoców.

_____   Pan Majewski często je mięso. Od czasu do czasu pije jogurt lub kefir. Woli ryż niż ziemniaki.

_____   Krzysztof chce ugotować dla córki ryż na mleku z sosem waniliowym i truskawkami.

_____   Oskar ma nowe mieszkanie. Nie ma gdzie siedzieć i gdzie spać. Lubi czasem leżeć na dywanie.

1
- żelki
- karma dla kota
- Camembert
- czerwone wino
- mleko

2
- pomidory
- jabłka
- śliwki
- kapusta
- kawa
- fasolka
- groch
- śmietanka

3
- sos sojowy
- papryka
- pieprz
- wasabi
- fasolka
- groch
- pomidory

4
- jogurt naturalny
- kotlety wieprzowe
- boczek
- kabanosy
- ryż

5
- długopis
- ołówek
- 2 zeszyty
- notes

6
- rękawiczki
- kozaki
- kurtka puchowa
- czapka

7
- ryż
- mleko
- truskawki
- wanilia

8
- dywan
- łóżko
- cztery krzesła

13 | Co na zimę? Co na lato?

A Match the numbers in the pictures to the words.

SŁOWNICTWO 1

_8_ kożuch
___ bikini
___ spodnie narciarskie (pl)
___ kąpielówki (pl)
___ szalik
___ czapka futrzana
___ krótkie spodnie (pl)
___ klapki (pl)

___ rękawiczki (pl)
___ kozaki (pl)
___ kapelusz słomkowy
___ sandały (pl)
___ czapka z daszkiem
___ okulary słoneczne (pl)
___ bluzka na ramiączkach
___ sukienka

B **Cross out the words that are in the wrong list.**

Ubranie dobre na lato: kąpielówki, ~~kozaki~~, bluzka na ramiączkach, spodnie narciarskie, sandały, kożuch, krótkie spodnie

Ubranie dobre na zimę: klapki, czapka futrzana, szalik, kapelusz słomkowy, sandały, rękawiczki, kozaki

C **Underline the word which goes together with the word in bold.**

1	**futrzana**	bluzka, <u>czapka</u>
2	**słoneczne**	kozaki, okulary
3	**narciarskie**	spodnie, sandały
4	**słomkowy**	kapelusz, kożuch
5	**krótkie**	okulary, spodnie
6	**na ramiączkach**	kozaki, bluzka
7	**z daszkiem**	czapka, kożuch

14 Polska, Polak, Polka

A Wordsearch. Find 17 names of countries. → ↓

W	I	E	L	K	A	B	A	N	G	L	I	A	O	K
G	P	I	F	H	M	G	Z	K	W	T	R	S	C	B
R	O	Z	E	I	I	R	L	M	P	U	Y	C	R	E
E	R	S	O	S	K	E	L	B	R	P	L	W	H	L
N	T	N	C	Z	E	C	H	Y	U	O	O	Ę	E	G
L	U	O	E	P	D	J	L	K	F	L	S	G	L	I
A	G	L	V	A	C	A	J	A	U	S	T	R	I	A
L	A	Z	E	N	B	U	P	M	Y	K	A	Y	T	O
S	L	E	B	I	A	N	W	I	K	A	S	O	N	W
F	I	N	L	A	N	D	I	A	I	F	R	D	K	Ł
K	A	L	A	B	A	M	R	N	J	S	S	O	J	O
G	E	R	O	L	A	N	L	I	Z	A	Z	K	W	C
N	O	R	W	E	G	I	A	P	D	H	W	J	K	H
F	I	O	L	W	Q	R	N	Y	N	I	E	M	C	Y
S	T	S	Z	V	B	N	D	M	L	P	C	A	U	S
R	O	J	A	B	U	S	I	A	C	U	J	K	Z	G
D	F	A	P	K	F	R	A	N	C	J	A	N	M	X

B Write the corresponding nationalities (masculine and feminine forms).

	KRAJ	MIESZKANIEC KRAJU	MIESZKANKA KRAJU
1	Anglia	_ _ _ _ik	_ _ _ielka
2	Austria	_ _ _ _ _ _ak	_ _ _ _ _ _ _czka
3	Belgia	_ _ lg	_ _ _ _ jka
4	Czechy	_ _ _ch	_ _ sz_ _
5	Finlandia	_in	_ _ _ka
6	Francja	_ _ _ _ _uz	_ _ _ _ _uzka
7	Grecja	_ _ ek	_ _ _czynka
8	Hiszpania	_ _ _ _ _ _an	_ _ _ _ _ _ _ka
9	Irlandia	_ _ _ _ _ _czyk	_ _ _ _ _ _ka
10	Niemcy	_ _ _ _ _ec	_ _ _ _ka
11	Norwegia	_ _ _ _eg	_ _ _ _ _żka
12	Polska	*Polak*	*Polka*
13	Portugalia	_ _ _ _ _ _ _czyk	_ _ _ _ _ _ _ka
14	Rosja	_ _ _ _ _ _nin	_ _ _ _ _nka
15	Szwecja	_ _ _ed	_ _ _ _dka
16	Węgry	_ _ _ _ _er	_ _ _ierka
17	Włochy	_ _ _ch	_ _ _szka

15 | Pisarz pisze

Put the letters in order to form the profession which goes with the verb.

		ZAWÓD	CO ROBI?
1	R-Z-S-I-A-P	p_isarz_	pisze
2	W-P-Ł-A-K-Y	p_____	pływa
3	A-Z-M-R-L-A	m_____	maluje
4	N-Z-E-A-R-T-C	t_____	tańczy
5	A-I-K-O-P-W-N-R-C	p_____	pracuje
6	R-R-E-E-S-T	t_____	tresuje
7	T-E-E-N-R-R	t_____	trenuje
8	Y-Y-R-G-D-T-E-N	d_____	dyryguje
9	R-R-D-K-T-O-O-A-E	d_____	dekoruje
10	O-M-O-A-E-D-R-R-T	m_____	moderuje
11	O-O-O-M-P-R-K-Z-Y-T	k_____	komponuje
12	P-Z-R-W-S-C-D-A-A-E	s_____	sprzedaje
13	E-O-O-L-R-R-N-K-T	k_____	kontroluje
14	T-R-G-R-P-M-S-I-A-A-O	p_____	programuje
15	R-N-T-A-O-E-K-T-J-P	p_____	projektuje
16	F-O-O-A-F-G-R-T	f_____	fotografuje

1 SŁOWNICTWO

16 O której godzinie? Kiedy?

A Match the times from the box to the sentences they were used in.

| 20:00 | 11:15 | ~~7:10~~ | 22:00 | 16:30 | 12:00 | 24:00 |

1. O godzinie siódmej dziesięć oni jedzą śniadanie.   _7:10_
2. O godzinie dwudziestej oglądamy telewizję.   _____
3. O godzinie dwudziestej czwartej Sebastian idzie spać.   _____
4. O godzinie jedenastej piętnaście one mają telekonferencję.   _____
5. O godzinie dwunastej jemy lunch.   _____
6. O godzinie szesnastej trzydzieści Aneta idzie na kurs języka angielskiego.   _____
7. O godzinie dwudziestej drugiej uczę się do egzaminu.   _____

B Match the numbers to the right time expressions.

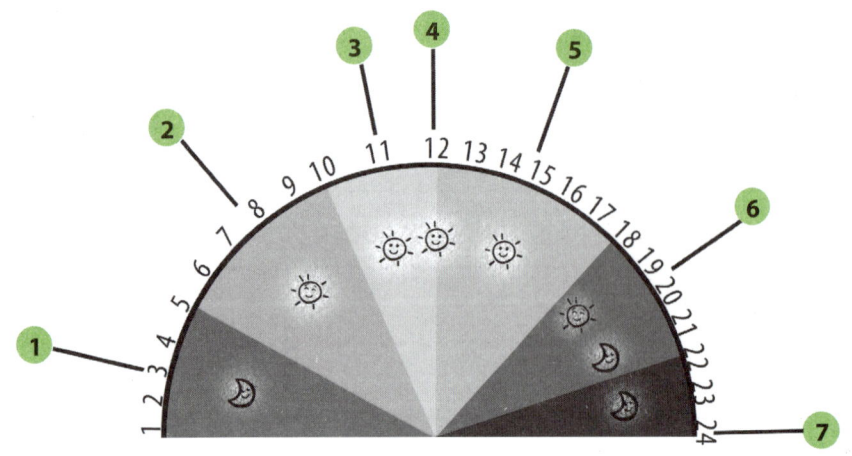

_2_ rano   ___ przed południem   ___ po południu
___ wieczorem   ___ w nocy   ___ w południe
                     ___ o północy

24   SŁOWNICTWO

C **Fill in the sentences with time expressions from the box.**

> ~~Rano~~   Wieczorem   Przed południem   W nocy
> O północy   Po południu   W południe

1. (7:10) _____Rano_____ oni jedzą śniadanie.

2. (20:00) _____ oglądamy telewizję.

3. (24:00) _____ Sebastian idzie spać.

4. (11:15) _____ one mają telekonferencję.

5. (12:00) _____ jemy lunch.

6. (16:30) _____ Aneta idzie na kurs języka angielskiego.

7. (23:00) _____ uczę się do egzaminu.

17 Co to jest?

Fill in the missing letter *o* or *a*.

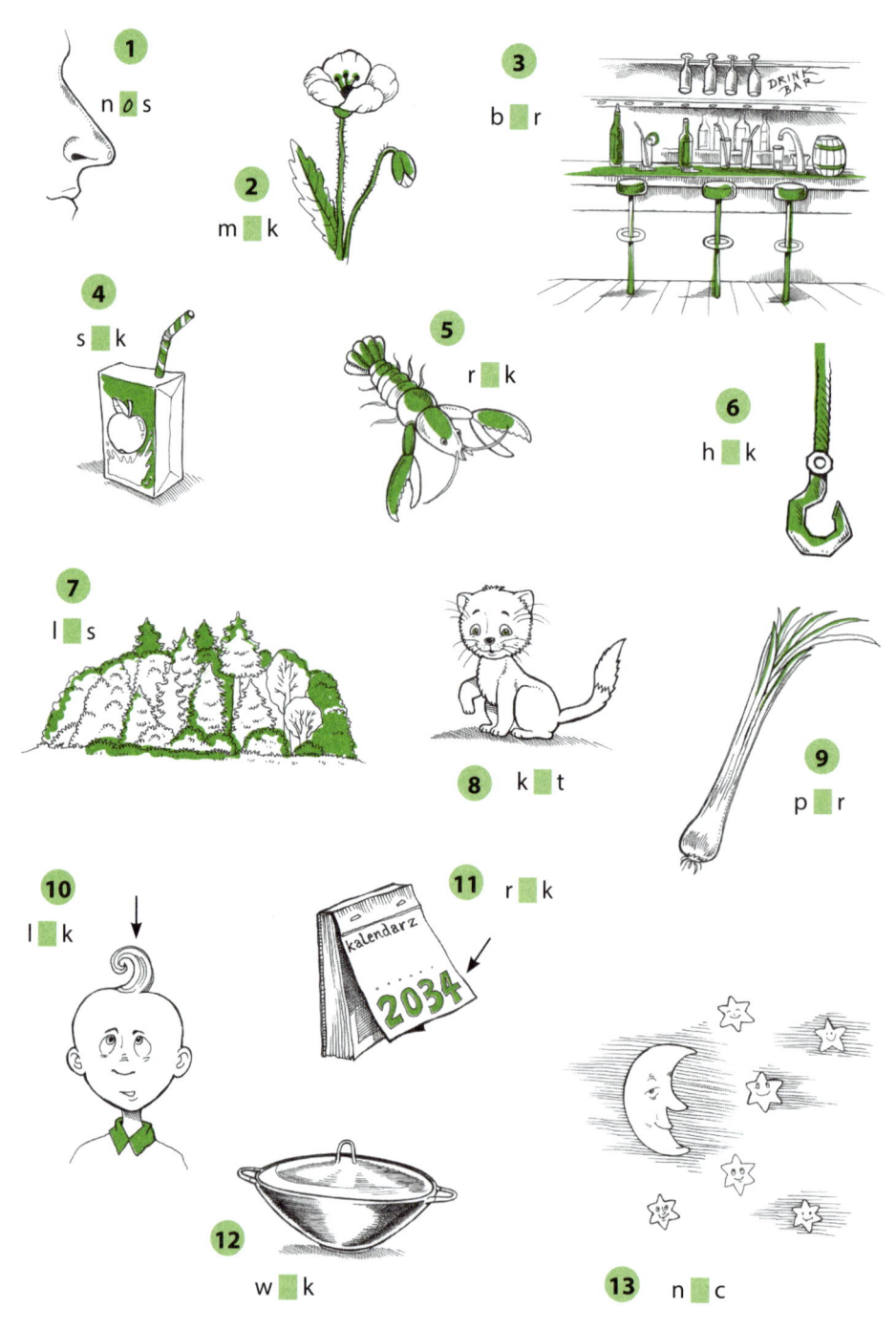

1. n o s
2. m _ k
3. b _ r
4. s _ k
5. r _ k
6. h _ k
7. l _ s
8. k _ t
9. p _ r
10. l _ k
11. r _ k
12. w _ k
13. n _ c

26 SŁOWNICTWO

18 | SMS do…

Who did Milena Mruczkowska write text messages to? Fill in the spaces provided as in example.

> do szefa   do męża   ~~do koleżanki~~
> do syna   do córki   do mamy

1 SMS _do koleżanki_

Cześć Krysiu, masz ochotę po pracy na kawę lub lody? Możemy też iść do kina. Mam całe popołudnie wolne. Obiad gotuje babcia, a mąż jedzie do warsztatu. Czekam na info.
Pa, pa Milena

2 SMS _____

Witam. Termin w firmie Intermax aktualny. Klient czeka na Pana w biurze.
Pozdrawiam
M. Mruczkowska

3 SMS _____

☺ Kasiu, córeczko, jak było w szkole? Pisaliście test z matematyki? Obiad dzisiaj zrobi babcia. Kocham Cię.
Mama

4 SMS _____

Mamo, nic nie szkodzi, że nie masz klucza. Sebastian będzie w domu już o 12.30. W lodówce jest kurczak. Możesz też zrobić pierogi. Kasia i Sebastian kochają Twoje ruskie pierogi. Dziękuję, mamusiu, za pomoc.
Milena

5 SMS _____

Mój Drogi, pomocy! Mam znowu problem z samochodem. Czy możesz pojechać z nim do warsztatu? Chciałabym spotkać się dzisiaj z Krysią.
Całuję Cię M.

6 SMS _____

Sebastian, babcia gotuje dzisiaj u nas obiad. Nie ma klucza. Musisz być w domu o 12.30. OK? Mama

1 SŁOWNICTWO   27

19 Nie wiem...

Complete the sentences with the words from the box below.

co (2x)	czy (2x)	dlaczego (2x)	~~gdzie~~	ile	jak	kiedy
kogo	kto	o czym	o kim	o której	z czym	z kim

1	– Nie wiem, _gdzie_ leży Warszawa. – W centrum Polski.
2	– Nie wiem, _____ jesteś w Polsce. – Bo moja dziewczyna tu mieszka.
3	– Nie wiem, _____ otwarte jest biuro. – Od poniedziałku do piątku. Od 8.00 do 17.00.
4	– Nie wiem, _____ on to dobrze zrobi. – Myślę, że tak. Jest przecież profesjonalistą.
5	– Nie wiem, _____ mówisz. – O moim kuzynie Marcinie.
6	– Nie wiem, _____ chcesz bigos. Z ziemniakami czy z chlebem? – Może z chlebem.
7	– Nie wiem, _____ ona godzinami rozmawia przez telefon. – Na pewno nie o szkole.
8	– Nie wiem, _____ on się teraz spotyka. Ma nową dziewczynę? – Spotyka się z taką wysoką blondynką, ale nie wiem, _____ to jest jego nowa dziewczyna.
9	– Nie wiem, _____ nazywa się waluta w Polsce. – Złoty.
10	– Nie wiem, _____ jest tu dyrektorem. – Pan Andrzej Krok.
11	– Nie wiem, _____ robisz zazwyczaj w wolnym czasie. – Często chodzę do fitness klubu.
12	– Nie wiem, _____ znasz z mojej grupy. – Znam Marię i Marka.
13	– Nie wiem, _____ to znaczy po polsku. – Ja też nie wiem.
14	– Nie wiem, _____ ona ma problemy w szkole. – Bo się nic w domu nie uczy.
15	– Nie wiem, _____ będzie obiad. – O trzynastej.
16	– Nie wiem, _____ kosztuje bilet tramwajowy. – Normalny chyba 2.50 zł, ale nie wiem dokładnie.

SŁOWNICTWO

20 Kartka z urlopu w Grecji

Complete the postcard with the words given in the box below.

Drodzy Mamo i ___Tato___¹!
___Serdeczne___² pozdrowienia znad Morza Egejskiego.
Jesteśmy na ___urlopie___³ w ___Grecji___⁴.
___Mieszkamy___⁵ w pięknym hotelu nad brzegiem ___morza___⁶.
Pogoda jest ___piękna___⁷, ale jest strasznie ___gorąco___⁸, 35°C!
Codziennie ___pływamy___⁹ i opalamy się.
Tomek jest już ___brązowy___¹⁰ jak czekolada.
Blisko ___hotelu___¹¹ jest dyskoteka, dlatego często ___tańczymy___¹² przez całą noc.
W weekend byliśmy na ___wycieczce___¹³ w Atenach.
___Zwiedziliśmy___¹⁴ Akropol i Muzeum Archeologiczne.
W piątek chcemy iść na wieczór ___grecki___¹⁵.
Będzie typowe greckie ___jedzenie___¹⁶ i będziemy tańczyć greckie tańce.
___Wracamy___¹⁷ do domu w sobotę.
___Całujemy___¹⁸ Was mocno.
Basia i Tomek

Sz.P.
J. Z. Burasiowie
ul. Długa 15/4
35-241 Rzeszów
POLSKA

---

brązowy   Całujemy   gorąco   Grecji   grecki   hotelu
jedzenie   Mieszkamy   morza   pływamy   piękna   Serdeczne
tańczymy   ~~Tato~~   urlopie   Wracamy   wycieczce   Zwiedziliśmy

1 SŁOWNICTWO

21 | Czy oni dobrze reagują?

Decide whether or not the people in the pictures are responding correctly to the requests.

1. Proszę się rozebrać!
TAK ☐   NIE ☑

2. Proszę bilety do kontroli!
TAK ☐   NIE ☐

3. Proszę wstać!
TAK ☐   NIE ☐

4. Proszę mi pomóc!
TAK ☐   NIE ☐

5. Proszę sól!
TAK ☐   NIE ☐

6. Proszę drobne!
TAK ☐   NIE ☐

SŁOWNICTWO 1

7 Proszę paszport lub dowód osobisty!
TAK ☐ NIE ☐

8 Proszę wejść!
TAK ☐ NIE ☐

9 Proszę jechać w prawo!
TAK ☐ NIE ☐

10 Proszę tu podpisać.
TAK ☐ NIE ☐

11 Proszę przejść tędy!
TAK ☐ NIE ☐

12 Uwaga! Proszę słuchać, ważna informacja.
TAK ☐ NIE ☐

22 On / Ona jest chirurgiem

A Match the pictures to the words.

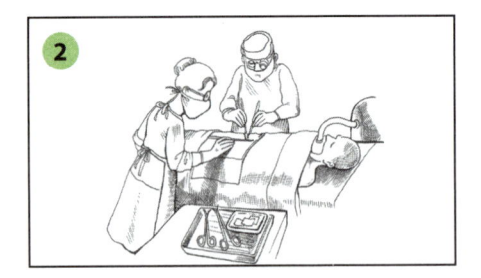

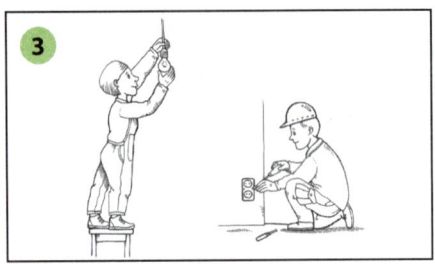

11 ... **12**

_1_ bankowiec   ___ polityk   ___ sportowiec   ___ elektryk
___ fotograf   ___ informatyk   ___ chirurg   ___ mechanik
___ muzyk   ___ kierowca   ___ weterynarz   ___ inżynier

B Solve the crossword. Use the letters in the shaded spaces to complete the word on the left.

Poziomo:
3. robi zdjęcia
4. gra w orkiestrze lub solo
7. pracuje w banku
8. operuje ludzi
9. leczy chore zwierzęta, np. psy, koty, chomiki
10. „lubi" elektryczność

Pionowo:
1. profesjonalnie uprawia sport
2. dyskutuje, agituje, protestuje, propaguje
5. jeździ zawodowo samochodem
6. SOS dla komputera

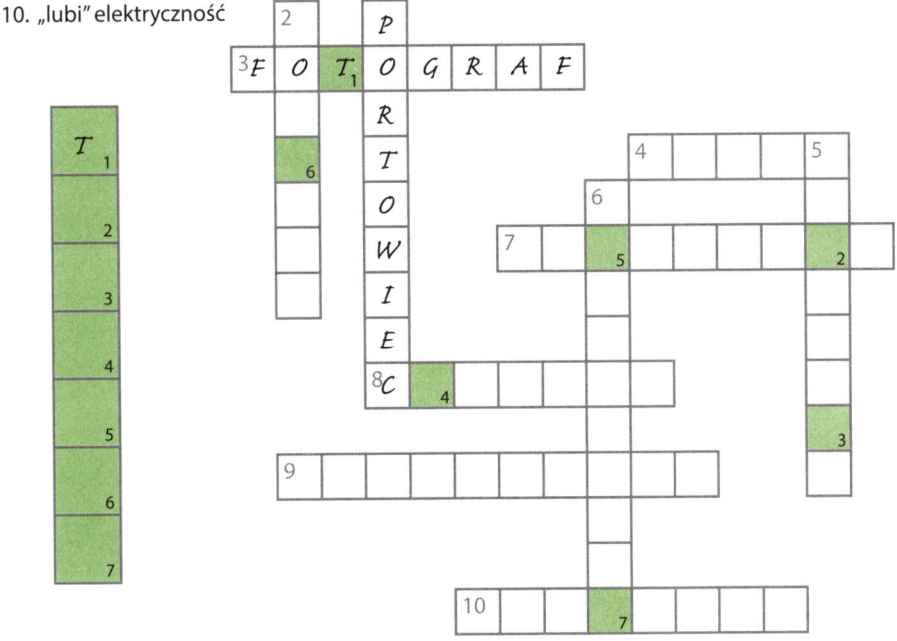

3. FOTOGRAF

Did you know? In Polish many professions have their feminine counterparts, e.g. *aktor-aktorka* (actor-actress), however in some cases there is one form for both men and women, e.g. *chirurg* (surgeon), *On jest chirurgiem. Ona jest chirurgiem.* (He is a surgeon. She is a surgeon.)

23 Dom

A Match the numbers in the picture to the words.

_1_ strych   ___ sypialnia   ___ kuchnia

___ łazienka   ___ pokój dziecka   ___ toaleta

___ garaż   ___ taras   ___ balkon

___ piwnica   ___ salon

34 SŁOWNICTWO 1

B Solve the crossword.

Poziomo:
3. tam śpimy
6. tam najczęściej stoi telewizor
7. tam bierzemy prysznic
9. tam stoi samochód
10. solo lub z łazienką

Pionowo:
1. duży balkon
2. pod domem, poziom -1
4. inaczej korytarz
5. mały taras
8. pod dachem

³S Y ⁴P I A L N I A
         R
         Z
⁷· · ·   E · · ·
         D
         P   ⁸·   ⁹· · · ·
    ¹⁰· O · · ·
         K
         Ó
         J

24 Oni marzą o…

Complete the sentences using the expressions below.

- zimnym piwie
- domu z ogrodem
- lodach czekoladowych
- weekendzie w Paryżu
- romantycznej kolacji przy świecach
- psie
- urlopie w Egipcie
- nowym iPodzie
- superszybkim samochodzie
- dziecku
- rowerze górskim
- ~~nowych butach~~

1. Ona marzy o _nowych butach_.

2. Oni marzą o _____.

3. Oni marzą o _____.

4. On marzy o _____.

5 Oni marzą o _____

6 Ona marzy o _____.

7 Oni marzą o _____.

8 On marzy o _____.

9 On marzy o _____.

10 Oni marzą o _____.

11 On marzy o _____.

12 On marzy o _____.

1 SŁOWNICTWO

25 Komplementy

Match the compliments with the responses.

KOMPLEMENTY			REAKCJE
Pan zawsze jest taki miły.	1	a	Głos? Cieszę się, że się panu podoba.
Pani ma bardzo sympatyczny głos.	2	b	Jestem urodzonym optymistą. Nigdy nie jestem smutny.
Ty każdego dnia masz dobry humor. Jak to robisz?	3	c	Pani też jest bardzo miła.
Dziękuję za pomoc. Jest pan bardzo uprzejmy.	4	d	Pani też się nigdy nie spóźnia.
Pan jest zawsze bardzo punktualny.	5	e	Bardzo proszę. To moja praca.
Pani bardzo dobrze mówi po polsku.	6	f	Dziękuję, uczę się intensywnie.
Ładnie dziś wyglądasz.	7	g	No, dzięki. To moje ulubione dżinsy. Niezłe, nie?
Pani syn jest najlepszym uczniem w klasie.	8	h	Dziękuję, kupiłam ten płaszcz ostatnio, w Galerii Centrum.
Masz bardzo ładny płaszcz. To najmodniejszy kolor w tym sezonie.	9	i	Miło mi to słyszeć. To dobre dziecko.
Ale masz świetne dżinsy!	10	j	Dziś??? Ja zawsze ładnie wyglądam ☺.

26 | Gdzie?

Match the prepositions to the pictures.

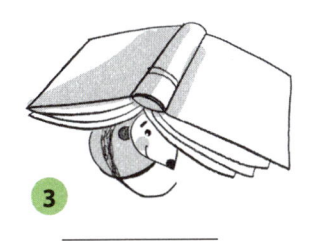

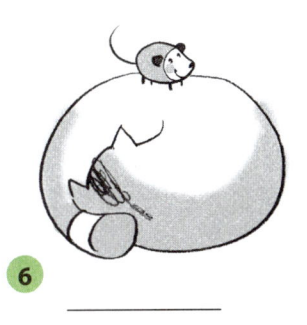

1. między
2. ___
3. ___
4. ___
5. ___
6. ___
7. ___
8. ___

w
pod
nad
obok
na
~~między~~
przed
za

27 Prognoza pogody

A Match the maps to the forecasts.

1

Prognoza pogody na czwartek. Rano w całej Polsce mgła. Na północy w ciągu dnia dużo słońca. Na południu deszczowo. Na wschodzie lekkie zachmurzenie bez opadów. W całej Polsce temperatura pięć °C.

Prognoza pogody na jutro. Temperatura: na południu minus dwa °C, na północy minus osiem °C. Rano na wschodzie duże zachmurzenie, ale w ciągu dnia słonecznie. Na południu będzie cały dzień świecić słońce. Wieczorem na północy zacznie padać śnieg. W nocy opady śniegu już w całej Polsce.

Prognoza pogody na dziś. Dzisiaj na północy będzie padał deszcz ze śniegiem. Temperatura zero °C. Wieczorem temperatura może spaść do minus trzech °C. Uwaga kierowcy! Miejscami gołoledź. W centrum i na południu kraju cały dzień słonecznie. Dodatnie temperatury. Na zachodzie duże opady śniegu, silny wiatr północno-zachodni. Temperatura około zera °C.

Prognoza pogody na weekend. Prawie w całej Polsce czeka nas słoneczny weekend. Deszcz będzie padać tylko na południu Polski przy temperaturze dwudziestu °C. Na północy w sobotę cały dzień słonecznie i gorąco. W niedzielę mogą pojawić się wieczorem burze. Temperatura do trzydziestu pięciu °C. W niedzielę będzie wiał na zachodzie silny wiatr. Na wschodzie cały weekend słońce. Życzymy państwu miłego weekendu.

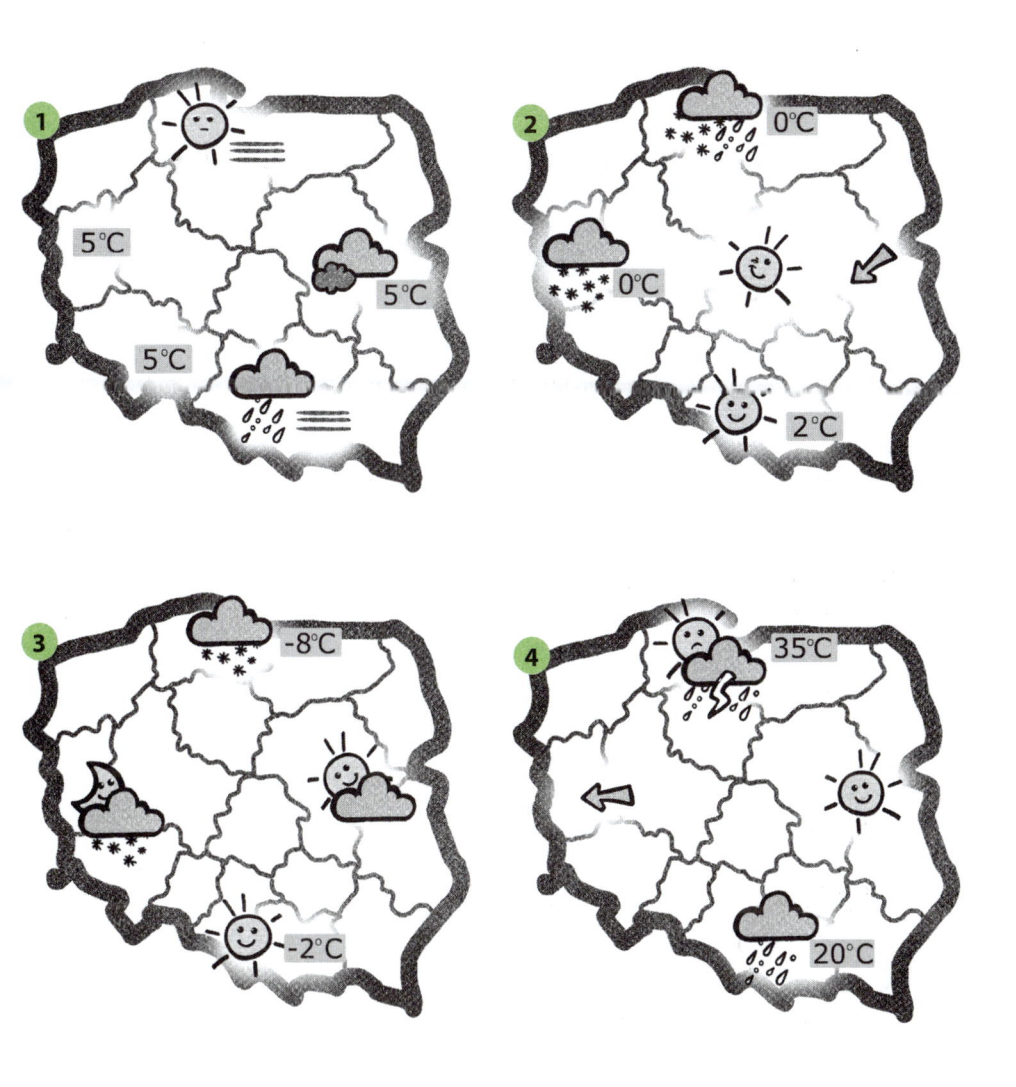

B This weather forecast has a mistake in every sentence. Find and correct them.

1. ~~Propaganda~~ pogody na jutro.   _Prognoza_
2. Na północy będzie cały czas świecić słownik.   _____
3. Będzie też wiać silny śnieg.   _____
4. Na wschodzie temperatura 30°C.
   Będzie bardzo mroźno.   _____
5. Na zachodzie umiarkowane zakupy.   _____
6. Cały dzień truskawka minusowa, -15°C.   _____

28 Kto ma dzisiaj imieniny?

A Put **K** for *kobieta* (woman) in the calendar if it is a woman's nameday or **M** for *mężczyzna* (man) if it is a man's nameday.

1 maja — poniedziałek
imieniny: Jakuba _M_, Magdaleny _K_

2 maja — wtorek
imieniny: Zygmunta ___, Filipa ___

3 maja — środa
imieniny: Marii ___, Joanny ___

4 maja — czwartek
imieniny: Moniki ___, Jana ___

5 maja — piątek
imieniny: Waldemara ___, Aleksandra ___

6 maja — sobota
imieniny: Judyty ___, Benedykta ___

7 maja — niedziela
imieniny: Piotra ___, Małgorzaty ___

B Write the names from the calendar in their basic form (nominative).

1 maja	2 maja	3 maja	4 maja	5 maja	6 maja	7 maja
Jakub						
Magdalena						

> **Did you know?** Polish calendars often tell you whose nameday it is on each day. The names given in the calendar are in the genitive case. As a result almost all male names end in *-a*, while female names end in *-i* or *-y*.

42   SŁOWNICTWO 1

29 | Lekarz, konduktor, dentysta...

Match the beginnings given in the box to the endings to form the professions shown in the pictures.

> fryzj-   lek-   kierow-   kondukt-   mechan-   weteryn-
> urzędn-   keln-   pian-   dent-   ~~akt-~~   sprzedaw-

1. _akt_ or
2. _____or 
3. _____arz 
4. _____arz  
5. _____ysta 
6. _____ista 
7. _____ca 
8. _____ca 
9. _____ik 
10. _____ik 
11. _____er 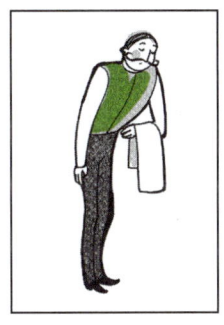
12. _____er 

I SŁOWNICTWO   43

30 | Co oni mówią?

Complete the dialogues with the expressions given below.

- Nie, dziękuję. To wszystko.
- Nie, ulgowy.
- Nie mam zegarka.
- Nic nie szkodzi.
- Nie, to sala dla niepalących.
- Nie, zajęte. Ale ja jestem wolny.
- Nie ma za co.
- Bardzo mi miło. Wesołowski.
- <u>Nawzajem.</u>
- Na zdrowie.

1. Smacznego. — *Nawzajem.*

2. Aaaapsik!!! — ...

3. Przepraszam. — ...

4. Bardzo dziękuję. — ...

5
Czy to miejsce jest wolne?
6
Czy można prosić popielniczkę?
7
Nazywam się Bartłomiej Mruk.
8
Jaki bilet? Normalny?
9
Czy coś jeszcze?
10
Która jest godzina?

31 Szafa, szympans, szuflada…

Complete the words starting with sz.

-afa	-alik	-uflada	-lafrok	-ynka	-czoteczka	-achy
-ampan	-koła	-klanka	-minka	-ampon	-yja	-ympans

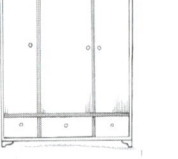

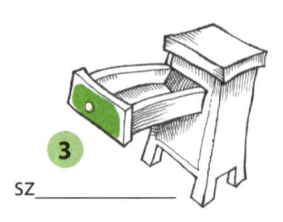

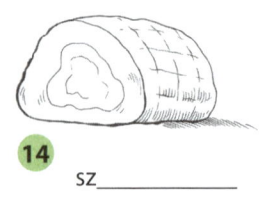

1. sz _afa_
2. sz _____
3. sz _____
4. sz _____
5. sz _____
6. sz _____
7. sz _____
8. sz _____
9. sz _____
10. sz _____
11. sz _____
12. sz _____
13. sz _____
14. sz _____

32 | Wszystkiego najlepszego!

What occasion were these cards written for?

urodziny   ~~Boże Narodzenie~~   pozdrowienia z urlopu
narodziny dziecka   Wielkanoc   imieniny   ślub   zdany egzamin

A _Boże Narodzenie_

Zdrowych, spokojnych Świąt w gronie rodziny. Dużo prezentów pod choinką życzy
Dzidka z mężem

B _____

Radosnych Świąt Zmartwychwstania Chrystusa, smacznego jajka i mokrego śmigusa-dyngusa życzą Bulandowie

C _____

Kochani, sto lat razem! Na wspólną drogę życia dużo miłości, zdrowia i szczęścia.
Ciocia Ilonka

D _____

Cieszymy się, że rodzina jest już w komplecie. Serdecznie gratulujemy z okazji narodzin syna. Na pewno będzie przystojny, inteligentny, wesoły i zdrowy jak rodzice. Prosimy o informację, jak będzie miał na imię.
Pozdrawiamy
Mirek i Grażyna

E _____

Na kolejny rok życia sukcesów w życiu prywatnym i zawodowym życzą
Marek i Natalia

F _____

W dniu imienin wszystkiego najlepszego.
Staszek z rodzinką

G _____

Hurra, gratulujemy, że zostałeś MAGISTREM. Mamy nadzieję, że masz teraz wolne wieczory i nie musisz się już tak dużo uczyć. Kiedy następny egzamin i tytuł DOKTORA?
Dziadkowie

H _____

Pozdrawiamy ze stolicy sportów zimowych. Wszędzie dużo śniegu, w górach lawiny, dlatego nie jeździmy na nartach, tylko siedzimy w restauracji i pijemy herbatę z rumem. Kupiłyśmy Wam oscypki. Jutro wracamy do domu.
Całujemy
Agnieszka i Klaudia

1 SŁOWNICTWO   47

33 Skąd oni są? Co oni lubią?

Complete the sentences with words from boxes A and B.

A z Anglii   z Niemiec   z Hiszpanii   z Ameryki
~~z Polski~~   z Grecji   z Włoch   z Rosji   z Francji   z Austrii

B ~~włoską pizzę~~   polskie pierogi   angielską herbatę   greckie oliwki
rosyjską wódkę   amerykański futbol   holenderski ser
hiszpańską corridę   niemieckie piwo   austriackie Alpy

1

Andrzej jest _z Polski_, ale lubi _włoską pizzę_.

2

Tom jest _____, ale lubi _____.

3

Kevin jest _____, ale lubi _____.

4

Katja jest _____, ale lubi _____.

5. Carmen jest _____, ale lubi _____.

6. Amadeus jest _____, ale lubi _____.

7. Pierre jest _____, ale lubi _____.

8. Nicos jest _____, ale lubi _____.

9. Ralf jest _____, ale lubi _____.

10. Paolo jest _____, ale lubi _____.

> **Did you know?** The preposition **z** in the sentence *On jest z Polski.* (He is from Poland.) is followed by a noun in the genitive. The majority of countries are feminine in Polish, e.g. *Francja, Austria, Polska* (France, Austria, Poland), which means that in the genitive case they end in **-i**, e.g. *z Francji, z Austrii, z Polski* (from France, from Austria, from Poland).

SŁOWNICTWO

34 Bartek był całe życie szczęśliwy

Complete the sentences with the verbs from the box. Use the past tense.

> chodzić   ćwiczyć   jeść
> jeździć   kłócić się   kochać
> myć   palić   pić   pomagać
> pracować   ~~spać~~
> spotykać się   śpiewać

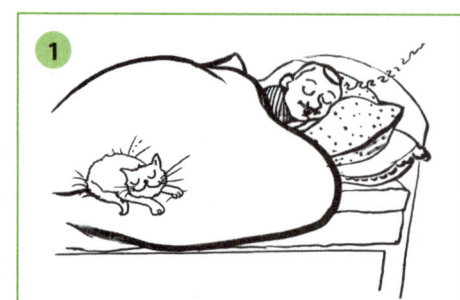

1. Bartek całe życie dużo _s p a ł_ .

2. Regularnie _ _ _ _ _ _ _ _ .

3. Trzy razy dziennie _ _ _ _ coś smacznego.

4. Od czasu do czasu _ _ _ _ małe piwo.

5. Często _ _ _ _ _ _ _ _ _ _ _ _ z kolegami.

6. Dwa razy w roku _ _ _ _ _ _ _ _ na urlop.

7. Dwa razy dziennie _ _ _ zęby.

8. Całe życie _ _ _ _ _ _ żonę i dzieci.

9. Nie za dużo _ _ _ _ _ _ _ _ .

10. Zawsze _ _ _ _ _ _ _ pod prysznicem.

11. _ _ _ _ _ _ _ innym.

12. W każdy weekend _ _ _ _ _ _ _ _ na ryby.

13. Rzadko _ _ _ _ _ _ .

14. Nigdy nie _ _ _ _ _ _ _ _ _ _ .

SŁOWNICTWO 51

35 Jestem z Polski

A Choose the right preposition.

1	Sophie ma piękny dom	z	**w**	Austrii.
2	Oni mieszkają już 5 lat	z	w	Hiszpanii.
3	Czy on pochodzi	z	w	Danii?
4	Wolfgang jest na urlopie	z	w	Portugalii.
5	Carmen pracuje jako modelka	z	w	Japonii.
6	Jak długo mieszkałeś	z	w	Holandii?
7	Klaus był na kursie językowym	z	w	Anglii.
8	To jest prezent	z	w	Rosji.
9	On mieszka w Polsce, ale pochodzi	z	w	Finlandii.
10	Moja koleżanka przyjechała wczoraj	z	w	Belgii.
11	Mariusz jest na nartach	z	w	Szwajcarii.
12	To są daktyle	z	w	Tunezji.
13	Przywiozłam piękny szal	z	w	Turcji.
14	Widziałem noc polarną	z	w	Szwecji.
15	Czy byłeś kiedyś	z	w	Irlandii?

B Underline the right form.

1	Mój chłopak jest z	Polsce / _Polski_.
2	Hamburg leży w	Niemczech / Niemiec.
3	Jestem z	Ameryce / Ameryki.
4	Iwanka pochodzi z	Czechach / Czech.
5	Czy byłeś kiedyś we	Włoszech / Włoch?
6	Jak długo mieszkałeś w	Stanach / Stanów?

Did you know? The preposition **z** (when meaning from) is followed by the genitive form, e.g. *z Polski* and the preposition **w** is followed by the locative, e.g. *w Polsce*. Names of countries ending with *-ia* and *-ja*, e.g. *Austria, Rosja* (Austria, Russia), have the same ending in the genitive and the locative *-i*, e.g. *z Austrii / w Austrii, z Rosji / w Rosji* (from Austria / in Austria, from Russia / in Russia).

36 | Kuchnia

Match the numbers in the picture to the words.

_12_ kuchenka

___ czajnik elektryczny

___ lodówka

___ stół

___ krzesło

___ zlew

___ piekarnik

___ kosz na śmieci

___ płyn do mycia naczyń

___ szafka

___ ekspres do kawy

___ kuchenka mikrofalowa

37 Jaka to kategoria?

Which is the odd one out in each list? Choose a category for each list from the box.

wędliny	warzywa	miasta	alkohole	~~liczby~~	państwa
zwierzęta	pory roku	meble	pory dnia	kolory	pieczywo
	dni tygodnia	miesiące			

1	jeden, czerwony, dziesięć, sto, siedem	*liczby*
2	niebieski, poniedziałek, wtorek, środa, niedziela	
3	styczeń, wczoraj, luty, czerwiec, listopad	
4	pies, chomik, kiełbasa, kot, kanarek	
5	pomidory, ziemniaki, brokuły, ogórki, rower	
6	ser, rano, przed południem, noc, wieczór	
7	czerwony, wrzesień, zielony, biały, żółty	
8	wino, piwo, herbata, likier, wódka	
9	zima, wiosna, deszcz, lato, jesień	
10	bułki, chleb, mleko, ciabata, bagietki	
11	szafa, szynka, kiełbasa, kabanosy, salami	
12	Praga, Paryż, Madryt, Warszawa, Niemcy	
13	Włochy, Wisła, Węgry, Portugalia, Dania	
14	stół, szafa, sobota, fotel, regał	

38 Amelia gra na gitarze

A Match the pictures to the words.

_1_ trąbka ___ perkusja ___ bęben
___ pianino ___ puzon ___ skrzypce (pl)
___ fortepian ___ tamburyno ___ keyboard
___ gitara ___ kontrabas ___ flet

1. Natalia
2. Adam 
3. Tomasz 
4. Amelia 
5. Fryderyk 
6. Marek 
7. Martyna 
8. Urszula 
9. Piotr 
10. Paweł 
11. Klaudia 
12. Robert 

B Using your answers from exercise A, complete the names of the instruments in locative form.

1. Natalia gra na _t_ _r_ _ą_ _b_ ce.
2. Adam gra na _ _ _ _ _ _ ie.
3. Tomasz gra na _ _ _ _ _ _ _ i.
4. Amelia gra na _ _ _ _ rze.
5. Fryderyk gra na _ _ _ _ _ _ _ _ ie.
6. Marek gra na _ _ _ _ ie.
7. Martyna gra na _ _ _ cie.
8. Urszula gra na _ _ _ _ _ _ _ _ _ ie.
9. Piotr gra na _ _ _ _ _ ie.
10. Paweł gra na _ _ _ _ _ _ _ ach.
11. Klaudia gra na _ _ _ _ _ _ _ _ zie.
12. Robert gra na _ _ _ _ _ _ _ ie.

39 Weronika jest wegetarianką

A Match the words from the box below to the correct pictures.

ogórki   pieczarki   cebula   kotlety sojowe   szynka
pomidory   kurczak   ~~pasztet~~   kaczka   mięso mielone
kiełbasa   ziemniaki   kapusta   banany   papryka   parówki

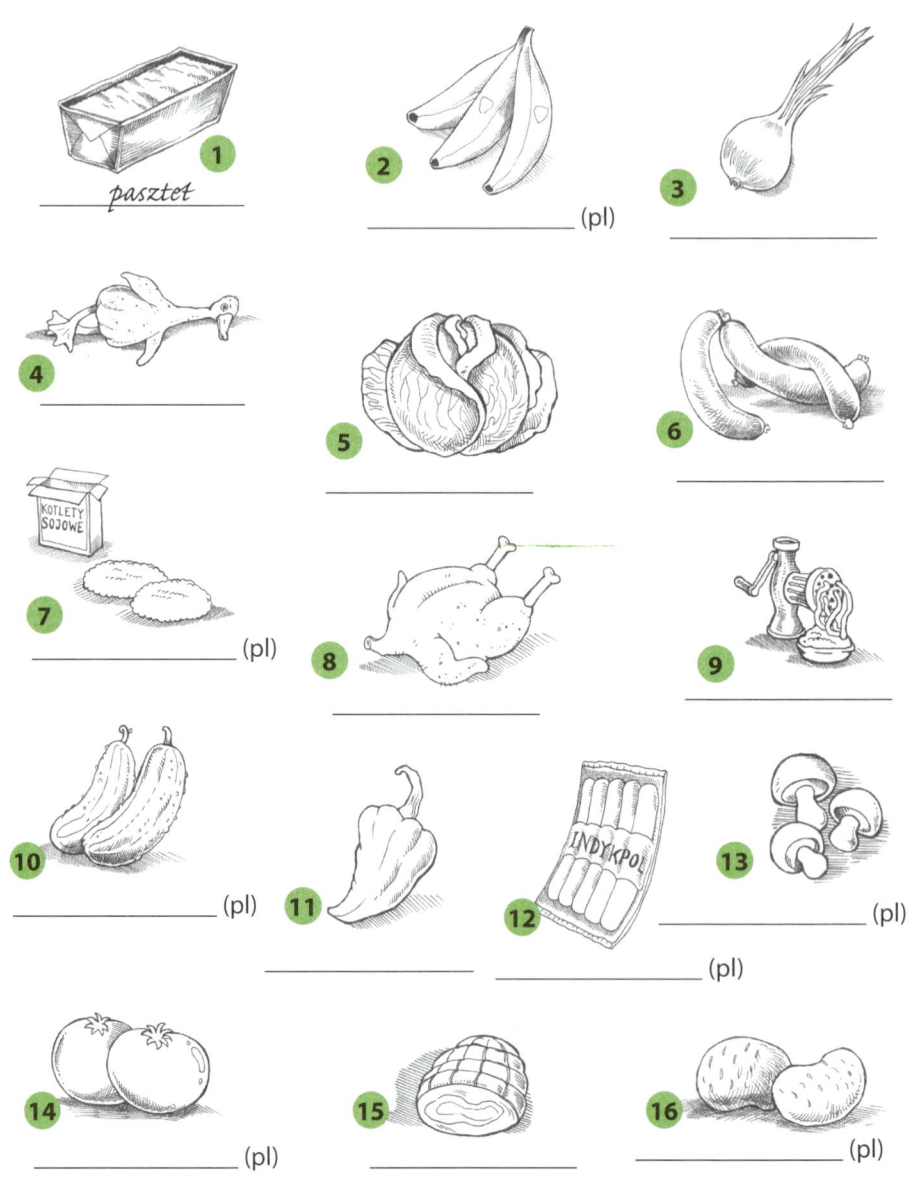

1. pasztet
2. _____ (pl)
3. _____
4. _____
5. _____
6. _____
7. _____ (pl)
8. _____
9. _____
10. _____ (pl)
11. _____
12. _____ (pl)
13. _____ (pl)
14. _____ (pl)
15. _____
16. _____ (pl)

56 SŁOWNICTWO

B Look at the shopping list. Which items are for Weronika and which are for Michał? Remember – Michał likes to eat meat and Weronika is a vegetarian.

Dzisiaj na obiad kotlety sojowe.

Proszę, nie! Kocham mięso.

LISTA ZAKUPÓW	WERONIKA	MICHAŁ
1. kotlety sojowe	✓	
2. szynka		✓
3. cebula		
4. pomidory		
5. kurczak		
6. pasztet		
7. kaczka		
8. mięso mielone		
9. pieczarki		
10. ziemniaki		
11. kapusta		
12. kiełbasa		
13. banany		
14. papryka		
15. parówki		
16. ogórki		

SŁOWNICTWO

40 Ulubiony…, ulubiona…, ulubione…

Complete the blank spaces with words from the box.

aktor	dzień tygodnia	ciasto	dyscyplina sportu	~~film~~	~~imię~~
kolor	kwiat	książka	miasto	muzyka	nazwisko	owoc
pisarz	pora roku	marka samochodu	wino	zwierzę

imię : Grzegorz

_____ : Jamka

1	ulubiony	_film_	„Casablanca"
2	ulubiony		Paulo Coelho
3	ulubiony		Jack Nicholson
4	ulubiony		niebieski
5	ulubiony		pomarańcza
6	ulubiony		róża
7	ulubiony		sobota
8	ulubiona		jazz
9	ulubiona		Biblia
10	ulubiona		Toyota
11	ulubiona		boks
12	ulubiona		lato
13	ulubione		sernik
14	ulubione		koń
15	ulubione		Wenecja
16	ulubione		francuskie czerwone wytrawne

41 Łazienka

Match the numbers in the picture to the words.

_13_ wanna
___ umywalka
___ lustro
___ prysznic
___ ręcznik

___ mydło
___ toaleta
___ waga
___ pralka
___ papier toaletowy

___ szczoteczka do zębów
___ pasta do zębów
___ szampon
___ proszek do prania

42 Ubrania

Match the words to the pictures.

dżinsy garnitur bluzka T-shirt spodnie ~~sukienka~~
marynarka skarpetki spódnica rajstopy buty sportowe
koszula żakiet biustonosz slipy kurtka
figi szpilki stringi krawat sweter

typowa szafa kobiety

1. s u k i e n k a
2. b _ _ _ _ _ _
3. ż _ _ _ _ _ _
4. b _ _ _ _ _ _ _ _ _ _
5. s _ _ _ _ _ _ _ _
6. r _ _ _ _ _ _ _
7. f _ _ _
8. s _ _ _ _ _ _
9. s _ _ _ _ _ _

60 SŁOWNICTWO

unisex

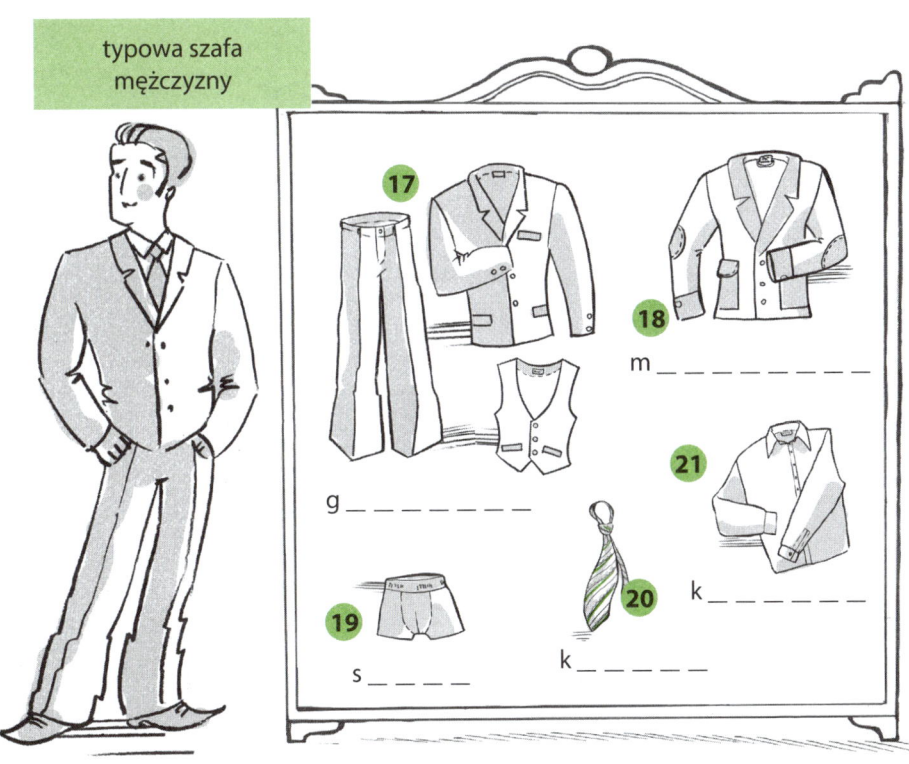

10 k _ _ _ _ _ _ _
11 T-_ _ _ _ _ _ _
12 d _ _ _ _ _ _
13 s _ _ _ _ _ _
14 s _ _ _ _ _ _
15 b _ _ _ s _ _ _ _ _ _ _
16 s _ _ _ _ _ _ _

typowa szafa mężczyzny

17 g _ _ _ _ _ _ _ _
18 m _ _ _ _ _ _ _ _
19 s _ _ _ _
20 k _ _ _ _ _
21 k _ _ _ _ _ _ _

1 SŁOWNICTWO 61

43 | Meble

A Look at the pictures I and II and mark what you see on the list given.

I

II

62 SŁOWNICTWO 1

MEBLE	OBRAZEK I	OBRAZEK II
szafa	✓	
łóżko	✓	✓
biurko		
fotel		
stół		
krzesło		
dywan		
lampka		
sofa		
regał		
kwiatek		

B Wordsearch. Find 17 names of objects found in a room. → ↓

B	K	J	O	P	W	R	E	R	D	D	O	L	T
A	S	Z	A	F	A	E	R	S	F	F	K	H	E
F	E	O	L	O	I	G	Z	O	A	G	N	H	L
L	K	B	C	T	R	A	M	F	M	H	O	U	E
B	K	R	Z	E	S	Ł	O	A	P	C	L	T	W
S	U	A	Z	L	T	Ó	L	A	M	P	K	A	I
D	R	Z	W	I	Ó	Ż	K	O	M	O	D	A	Z
D	Y	W	A	N	Ł	K	W	I	A	T	E	K	O
P	Y	B	S	T	F	O	F	A	K	O	P	E	R
B	I	U	R	K	O	R	I	L	U	S	T	R	O

44 Problemy w hotelu

A Complete the sentences with the expressions from the box below.

> • nie ma   • nie działa   • jest

1. Winda __jest__ zepsuta.
2. Toaleta _____ .
3. _____ papieru toaletowego.
4. Klimatyzacja _____ .
5. Pokój _____ nieposprzątany.
6. Pościel _____ brudna.
7. W pokoju _____ bardzo zimno.
8. _____ wody.
9. _____ kawy.
10. _____ pilota.
11. _____ poduszki.
12. W pokoju _____ głośno.

B Match the sentences from exercise A to the right pictures.

a. 7

b.

c.

d.

64 SŁOWNICTWO 1

SŁOWNICTWO

45 Piękne ciało

A Match the numbers in the picture to the words.

_1_ głowa   ___ nos   ___ palec u ręki   ___ pośladki
___ oko   ___ usta   ___ noga   ___ palec u nogi
___ ucho   ___ brzuch   ___ stopa   ___ plecy
___ szyja   ___ ręka   ___ kolano

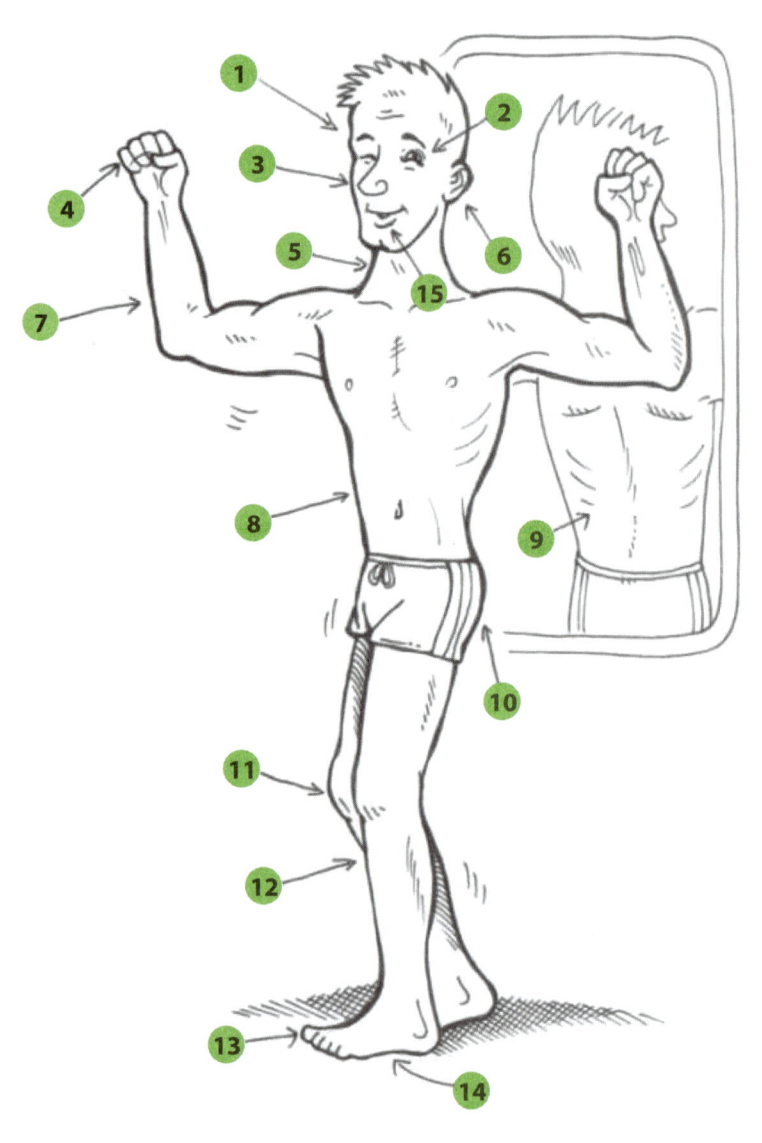

B. Write the plural forms.

1. ucho – _u_ sz _y_	5. ręka – _ _ c _
2. stopa – _ _ _ _ y	6. noga – _ _ _ i
3. kolano – _ _ _ _ _ a	7. palec – _ _ _ ce
4. oko – _ cz _	8. pośladek – _ _ _ _ _ _ ki

C. Complete the sentences with words from exercises A and B.

1. Boli mnie _oko_.

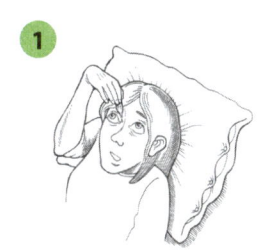

2. Boli mnie _____.

3. Boli mnie _____.

4. Bolą mnie _____.

5. Bolą mnie _____.

6. Bolą mnie _____.

7. Boli mnie _____.

8. Boli mnie _____.

9. Bolą mnie _____.

Did you know? To express pain in a certain part of one's body, we use the phrase *Boli mnie…głowa…* is the most suitable. When talking about both hands / arms (in Polish there is one word for both) – *ręce*, legs – *nogi* or the back – *plecy* (Pluralia Tantum, i.e. no singular form) we say *Bolą mnie ręce / nogi / plecy*.

46 Woda jest… wszędzie

Match the pictures to the words.

_3_ wodospad   ___ jezioro   ___ staw   ___ kałuża
___ fontanna   ___ morze   ___ basen   ___ akwarium
___ rzeka   ___ strumyk (górski)

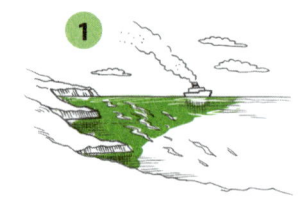

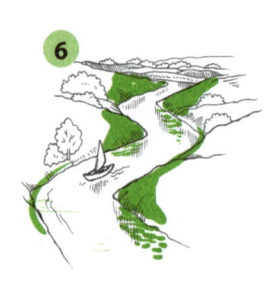

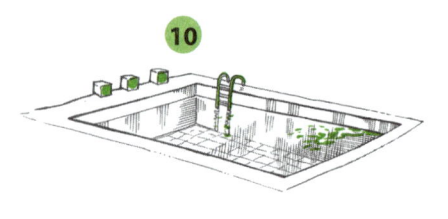

SŁOWNICTWO 1

47 Łyżka, widelec, nóż

Match the numbers in the picture to the words.

_3_ talerz
___ łyżka
___ łyżeczka do herbaty
___ oliwa
___ talerzyk
___ szklanka

___ widelec
___ ocet
___ nóż
___ kieliszek do wina
___ sól

___ butelka
___ serwetka
___ kubek
___ filiżanka
___ pieprz
___ wykałaczki (pl)

1 SŁOWNICTWO 69

48 Jaka jest pogoda?

A Match the pictures to the expressions.

_1_ Pada deszcz.   ___ Pada grad.   ___ Świeci słońce.
___ Wieje wiatr.   ___ Jest burza.   ___ Jest upał, +35°C.
___ Jest mróz, -15°C.   ___ Pada śnieg.   ___ Jest mgła.
___ Jest duże zachmurzenie.

B Choose the right adverb from the box.

1	zachmurzenie	Jest _pochmurno_ .
2	słońce	Jest _____ .
3	deszcz	Jest _____ .
4	mgła	Jest _____ .
5	burza	Jest _____ .
6	mróz	Jest _____ .
7	wiatr	Jest _____ .

deszczowo
burzowo
mgliście
mroźno
słonecznie
wietrznie
~~pochmurno~~

C Underline the correct word in the following sentences.

1. Wieje / Świeci wiatr.
2. Jest upał / mróz, -20°C.
3. Pada grad / wiatr.
4. Wieje / Świeci słońce.
5. Pada / Wieje śnieg.
6. Świeci / Jest mgła.

1 SŁOWNICTWO   71

49 Rodzina. Kto jest kim?

A For each statement, mark which member of the Kowalski family said it.

KTO TO MÓWI?	MAMA TERESA KOWALSKA Z DOMU NOWAK	TATA TADEUSZ KOWALSKI	CÓRKA LAURA KOWALSKA	BABCIA STANISŁAWA NOWAK- MATKA TERESY	DZIADEK HENRYK KOWALSKI- OJCIEC TADEUSZA
1. Mam czternaście lat i chodzę do gimnazjum.			✓		
2. Mój mąż Tadek zawsze w sobotę gra z kolegami w brydża.					
3. Mój ojciec Henryk jest emerytem.					
4. Moi rodzice dużo pracują.					
5. Moja mama, a babcia Laury, już nie pracuje i mieszka razem z nami.					
6. Mam trzydzieści pięć lat i jestem z zawodu dentystą. Moja żona Teresa ma trzydzieści siedem lat.					
7. Mój teść Henryk mieszka sam.					
8. Moja wnuczka Laura jest bardzo inteligentną dziewczynką.					
9. Moja córka Teresa jest z zawodu inżynierem.					
10. Mój dziadek Henryk jest bardzo fajny. Chodzi ze mną na basen i uczy mnie pływać.					
11. Córka mojej córki, moja wnuczka Laura, bardzo lubi sernik.					
12. Moja żona nie żyje. Emilia była przez całe życie gospodynią domową.					
13. Moja teściowa gotuje nam obiady. Jest wspaniałą kucharką. Jej ruskie pierogi to poezja.					
14. Mój zięć ma prywatny gabinet dentystyczny w domu.					
15. Mój mąż Jan nie żyje. Jan był z zawodu piekarzem.					
16. Teść mojej córki lubi pracować w ogrodzie.					
17. Moja synowa pięknie śpiewa.					
18. Moja córka chce być dentystką, tak jak jej ojciec.					

72 SŁOWNICTWO

B Answer the questions.

a) Kto w rodzinie Kowalskich lubi sernik?
___
b) Kim jest z zawodu Teresa Kowalska?
___
c) Ile lat ma Laura?
___
d) Gdzie Tadeusz ma gabinet dentystyczny?
___
e) Kto mieszka sam?
___

C Underline the right definition.

1. **babcia** to – a. matka mojej matki lub mojego ojca   b. brat mojego ojca
   c. siostra mojej matki lub mojego ojca
2. **dziadek** to – a. brat mojej matki   b. ojciec mojej matki lub mojego ojca
   c. matka mojej matki lub mojego ojca
3. **wnuczka** to – a. syn mojej córki lub mojego syna
   b. córka mojej córki lub mojego syna   c. syn mojej koleżanki
4. **wnuczek** to – a. syn mojej córki lub mojego syna   b. córka mojej córki
   c. matka mojego męża
5. **zięć** to – a. mąż mojej córki   b. ojciec mojej matki lub mojego ojca
   c. syn mojej córki
6. **synowa** to – a. matka mojej żony lub mojego męża   b. córka mojej córki
   c. żona mojego syna
7. **teść** to – a. ojciec mojej matki lub mojego ojca   b. brat mojego męża
   c. ojciec mojej żony lub mojego męża
8. **teściowa** to – a. matka mojej żony lub mojego męża   b. siostra mojego męża
   c. córka mojej siostry

> **Did you know?** Diminutive forms of *matka* (mother) – *mama, mamusia* (mum, mummy) and *ojciec* (father) – *tata(o), tatuś* (dad, daddy) are usually used in less formal contexts such as at home. Similarly we have *ciotka* (aunt) – *ciocia* (auntie), *babka* (grandmother) – *babcia* (grandma).

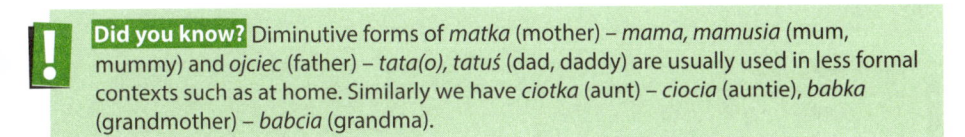

50 Niemiec, Hiszpanka, Anglik

Solve the crossword.

Poziomo:
4. kobieta z Hiszpanii to…
7. kobieta z Włoch to…
8. mężczyzna z Grecji to…
9. mężczyzna z Polski to…
12. mężczyzna z Europy to…
13. mężczyzna z Austrii to…
14. mężczyzna z Francji to…
15. mężczyzna z Anglii to…

Pionowo:
1. kobieta z Ameryki to…
2. mężczyzna z Finlandii to…
3. mężczyzna z Niemiec to…
5. kobieta z Australii to…
6. kobieta z Anglii to…
10. kobieta z Rosji to…
11. mężczyzna z Danii to…

Did you know? In Polish, names of countries and nationalities start with a capital letter, e.g. *Polska, Polak, Polka*.

51 | Ulica

Match the pictures to the words.

_7_ rondo
___ tramwaj
___ ulica
___ autobus
___ samochód

___ skrzyżowanie
___ taksówka
___ motocykl
___ rower
___ przystanek tramwajowy

___ chodnik
___ metro
___ kosz na śmieci

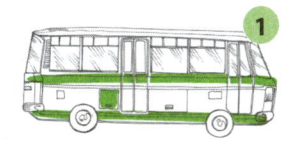

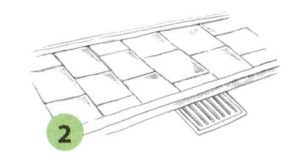

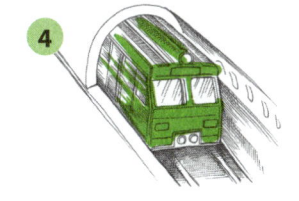

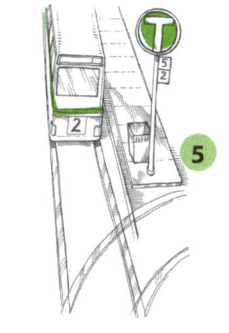

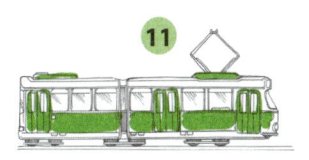

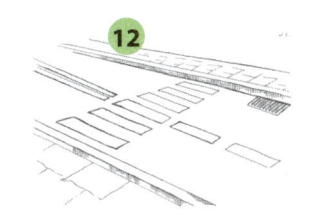

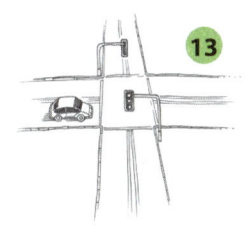

1 SŁOWNICTWO 75

52 | Miłego weekendu!

What would you say in these situations? Match the situations to the phrases.

	SYTUACJA		REAKCJA
1	Twoja koleżanka ma urodziny.	a	Miłego weekendu!
2	Szef jedzie pociągiem w podróż służbową.	b	Szybkiego powrotu do zdrowia.
3	Jedziesz samochodem do Berlina. Twój sąsiad życzy ci…	c	Szerokiej drogi!
4	Twoja koleżanka idzie od jutra na urlop.	d	Miłej pracy.
5	Twój brat idzie na imprezę.	e	Powodzenia. Dużo sukcesów!
6	Twój kolega jest chory.	f	Dobrej zabawy!
7	Razem z kolegami pijecie drinka.	g	Miłego urlopu!
8	Na Święta Wielkanocne możesz dostać kartkę z życzeniami…	h	Wszystkiego najlepszego z okazji urodzin!
9	Jest piątek. Kończysz pracę i życzysz wszystkim…	i	Szczęśliwej podróży!
10	Ty pracujesz, on pracuje. Wszyscy pracują, więc…	j	Szczęśliwego Nowego Roku!
11	Jest ostatni dzień starego roku, godzina 23.55. Za pięć minut wszyscy złożą sobie życzenia…	k	Na zdrowie! (2x)
12	Twój kolega ma katar. Aaapsik! Życzysz mu…	l	Smacznego jajka i mokrego śmigusa-dyngusa.
13	Twój team zaczyna nowy projekt. Szef życzy wam…		

1	2	3	4	5	6	7	8	9	10	11	12	13
h												

53 | Jak się nazywa to zwierzę?

Match the pictures to the words.

_5_ pies
___ kot
___ chomik
___ ryba
___ papuga
___ kanarek
___ pająk
___ królik
___ żółw

1 SŁOWNICTWO

54 Miasto

A Match the pictures to the words.

_5_ restauracja   ___ muzeum   ___ dworzec kolejowy
___ kino   ___ poczta   ___ lotnisko
___ kawiarnia   ___ szpital   ___ kantor
___ uniwersytet   ___ toaleta   ___ bank

78 SŁOWNICTWO 1

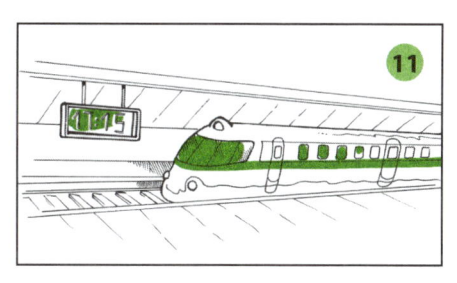

B Write the names of the places from exercise A by the list of words associated with each place.

1	kolacja, napiwek, kelner	*restauracja*
2	kasa, repertuar, ekran	
3	student, profesor, aula	
4	znaczek, list, paczka	
5	lekarz, pacjent, operacja	
6	pociąg, kasa biletowa, peron	
7	eksponat, wystawa, bilet wstępu	
8	samolot, stewardesa, pilot	
9	papier toaletowy, damska/męska	
10	kredyt, pieniądze, konto	
11	euro, kursy walut, pieniądze	
12	ciasto, kawa, deser	

55 Zimno mi

Complete the dialogues with the phrases.

- ~~Zimno mi.~~
- Jestem głodny.
- Podoba ci się?
- Miło mi.
- Chce mi się pić.
- Nudzę się.
- Słabo mi.
- Kocham cię.

1

Ależ tu sauna! Mogę otworzyć okno?

Sauna? Nie zauważyłem. *Zimno mi*.

2

Mamo, tato, chciałem wam przedstawić, Kasię, moją dziewczynę. _____

Bardzo się cieszymy, że możem panią poznać. Janek cały czas o pani mówi.

3

Ja też cię kocham.

_____

4

_____ A ty?

Też. Hot dog czy kebab?

Mamo! __________ __________
W lodówce jest mleko i sok.
5
__________ __________
Może wody? A może się położysz? A może zadzwonić na pogotowie?
6
Cześć, tu Jacek. Co robisz?
Cześć. Nic. __________ A co?
7
A to jest prezent dla ciebie. __________ __________
Super!
8

56 | Kto jeździ motocyklem?

A Match the pictures to the words.

_4_ traktor   ___ taksówka   ___ rower   ___ motocykl
___ autobus   ___ metro   ___ samochód   ___ pociąg
___ skuter   ___ tramwaj   ___ ciężarówka

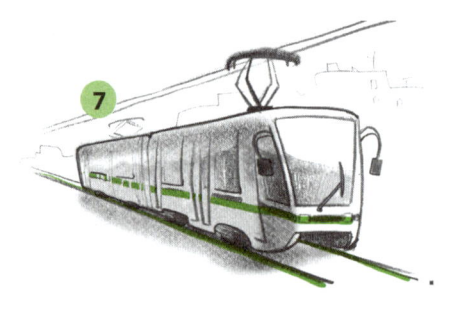

SŁOWNICTWO 1

B Look at the pictures and answer the following questions.

1. Kto jeździ samochodem? __Marek__
2. Kto jeździ motocyklem? _____
3. Kto jeździ rowerem? _____
4. Kto jeździ tramwajem? _____
5. Kto jeździ pociągiem? _____
6. Kto jeździ autobusem? _____
7. Kto jeździ taksówką? _____
8. Kto jeździ metrem? _____
9. Kto jeździ skuterem? _____
10. Kto jeździ traktorem? _____
11. Kto jeździ ciężarówką? _____

Agnieszka	(bus)	Kuba	(train)
Weronika	(tram)	Patryk	(taxi)
Barbara	(tractor)	Bazyli	(metro)
Kinga	(motorcycle)	Marek	(car)
Asia	(truck)	Bartek	(bicycle)
	Justyna	(scooter)	

Did you know? In sentences such as *Marek jeździ autobusem*, we have to use a noun in the instrumental case, which results in an *-ą* ending for all feminine nouns and an *-(i)em* ending for masculine and neuter nouns. This is because means of transport, such as *pociąg* (train), *autobus* (bus), *skuter* (scooter), etc. are instruments used to perform a certain action.

57 Żółty ser czy biały ser?

Underline the right answer.

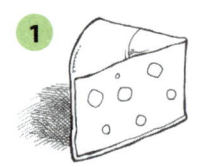

1
To jest ser ..... .
☐ biały
☑ żółty

2
Kiwi jest w środku ..... .
☐ zielone
☐ czerwone

3
On ma na sobie ..... spodnie.
☐ krótkie
☐ długie

4
Cukier jest ..... .
☐ słodki
☐ kwaśny

5
Ten film podoba mi się.
On jest ..... .
☐ nudny
☐ interesujący

6
Nie mam rodzeństwa.
Nasza rodzina jest ..... .
☐ duża
☐ mała

7
Mój wujek ma dużo pieniędzy, dwa samochody i elegancką willę. On jest ..... .
☐ biedny
☐ bogaty

8
Szklanka jest ..... .
☐ pusta
☐ pełna

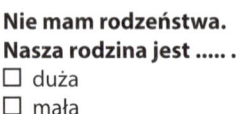

9
To dziecko jest ..... .
☐ chore
☐ zdrowe

10
Ten mężczyzna jest ..... .
☐ młody
☐ stary

11
Ta kobieta jest ..... .
☐ gruba
☐ szczupła

12
Ten chłopiec jest ..... .
☐ wesoły
☐ smutny

58 | Kleopatra była…

Complete the table using the words from the boxes below.

	OSOBA		NARODOWOŚĆ	ZAWÓD / FUNKCJA
1	Wolfgang Amadeus Mozart	był	*Austriakiem*	*kompozytorem*
2	Johann Wolfgang Goethe	był		
3	Maria Skłodowska-Curie	była		
4	Coco Chanel	była		
5	Mikołaj Kopernik	był		
6	Michael Jackson	był		
7	Agatha Christie	była		
8	Alfred Hitchcock	był		
9	Leonardo da Vinci	był		
10	Kleopatra	była		
11	Marlene Dietrich	była		
12	Napoleon Bonaparte	był		
13	Pitagoras	był		
14	Edith Piaf	była		
15	Mahatma Gandhi	był		

A Amerykaninem   Angielką   Anglikiem   ~~Austriakiem~~   Egipcjanką   Francuzem   Francuzką (2x)   Grekiem   Hindusem   Niemcem   Niemką   Polakiem   Polką   Włochem

B aktorką i piosenkarką   astronomem   autorką kryminałów   fizykiem, chemikiem i noblistką   generałem i cesarzem   ~~kompozytorem~~   królową   królem popu   malarzem i rzeźbiarzem   matematykiem i filozofem   piosenkarką   poetą   politykiem i pacyfistą   projektantką mody   reżyserem

1 SŁOWNICTWO

59 Jaka to kuchnia?

Complete the table using the adjectives from the box.

> włoska   austriacka   polska   amerykańska   niemiecka
> chińska   grecka   francuska   rosyjska   ~~japońska~~

#		
1	sushi, sake, ryż, zupa miso	kuchnia _japońska_
2	bigos, pierogi, barszcz, żur	kuchnia _____
3	crème brûlée, ślimaki, croissant, tarta	kuchnia _____
4	hamburger, naleśniki z syropem klonowym, hot dog, stek	kuchnia _____
5	pizza, lazanie, spaghetti, tiramisu	kuchnia _____
6	tzatziki, oliwki, ser feta, oliwa z oliwek	kuchnia _____
7	bliny, kawior, zupa solanka, boeuf Strogonow	kuchnia _____
8	tort Sachera, sznycel po wiedeńsku, gulasz, strudel z jabłkami	kuchnia _____
9	kurczak po syczuańsku, sos sojowy, makaron ryżowy, kaczka w sosie słodko-kwaśnym	kuchnia _____
10	golonka po bawarsku, piwo, kapusta kiszona, kiełbasa z sosem curry	kuchnia _____

> **Did you know?** Adjectives in their basic form (the one you will find in dictionaries) always end with **-y**, e.g. *dobry* (good) or in **-i** (if the ending is preceded by **-k** or **-g**), e.g. *polski* (Polish). It is also the ending for masculine forms, e.g. *dobry sok* (good juice). If the adjective relates to a feminine noun, it always ends with **-a**, e.g. *kuchnia polska*.

60 Gdzie kupisz te produkty?

A Match the pictures to the words.

_13_ gazeta   ___ bułki (pl)   ___ bukiet
___ sól   ___ kurtka   ___ gramatyka języka polskiego
___ tulipany (pl) ___ słownik   ___ buty sportowe (pl)
___ sandały (pl) ___ bilet tramwajowy   ___ miód
___ spodnie (pl) ___ papierosy (pl)   ___ bluzka

B Where can you buy these items?

ARTYKUŁY	SKLEP SPOŻYWCZY	KIOSK	KWIACIARNIA	SKLEP OBUWNICZY	SKLEP ODZIEŻOWY	KSIĘGARNIA
gazety		✓				✓
sól						
tulipany			✓			
sandały						
bułki						
kurtki						
słowniki						
bilety tramwajowe						
bukiety						
gramatyki języka polskiego						
buty sportowe						
miody						
spodnie						
papierosy						
bluzki						

1 SŁOWNICTWO

61 Dwa, trzy, cztery…

Look at the picture and fill in the missing letters. Watch out! These are plural forms.

A	-a
1	trzy lu _s_ _t_ _r_ **a**
2	dwa ja _ _ _ **a**
3	dwa łó _ _ **a**
4	trzy ok _ **a**

B	-i
1	dwie pi _ł_ _k_ **i**
2	dwadzieścia cztery ks _ _ _ _ **i**
3	cztery ko _ _ _ _ **i**
4	trzy kw _ _ _ _ **i**
5	trzydzieści trzy ki _ _ _ _ _ _ **i**

C	-y
1	dwie sz _a_ _f_ **y**
2	trzy so _ **y**
3	dwa ko _ **y**
4	trzy p _ **y**
5	cztery la _ _ **y**
6	dwa re _ _ _ **y**
7	trzy st _ _ **y**
8	trzy ob _ _ _ **y**

D	-e
1	trzy fo _t_ _e_ _l_ **e**
2	dwa ma _ _ _ _ _ **e**
3	dwa ko _ _ **e** na śmieci
4	trzy fo _ _ _ _ _ _ _ **e**

88 SŁOWNICTWO

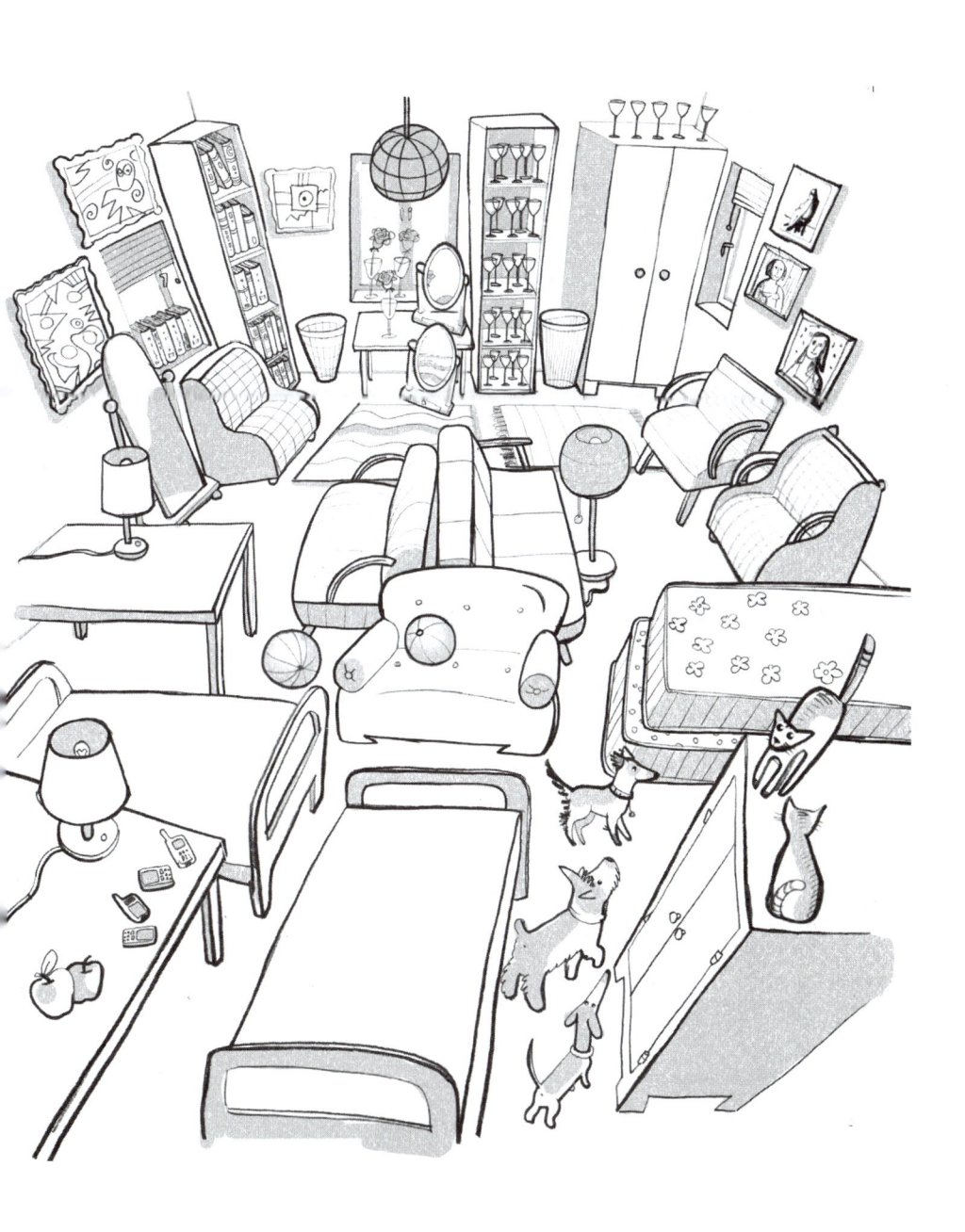

> **Did you know?** In Polish, plural non-masculine-personal nouns (those which do not refer to human males) can have the following endings: **-a**, **-y**, **-i**, **-e**. Almost all plural neuter nouns end in **-a**. In general, feminine and masculine plural nouns end in **-y**, e.g. *bilet, bilety* (ticket, tickets). After **-k** or **-g** they take an **-i** ending. After certain consonants – **ni, ń, sz, cz, rz, ż, l, j, c, dz, ś, ć, ź**, plural nouns take an **-e** ending. Plural nominative forms are always used after numbers ending in 2, 3, and 4. After all other numbers the genitive case is used.

SŁOWNICTWO 89

62 Jaki prezent dla…?

A Match the pictures to the words.

_10_ szachy (pl)
___ pierścionek
___ wódka „Żubrówka"
___ filiżanka
___ pies chihuahua

___ słownik
___ perfumy (pl)
___ praliny (pl)
___ wycieczka do Pragi

___ bilet do filharmonii
___ bukiet róż
___ książka kucharska „Kuchnia chińska"

90 SŁOWNICTWO 1

B Who should you give these presents to? Complete the table with words from exercise A.

	CO ON / ONA LUBI?	DOBRY PREZENT DLA NIEJ / NIEGO TO...
a	Agnieszka lubi kwiaty.	*bukiet róż*
b	Pani Kożniewska lubi biżuterię.	
c	Sven lubi polski alkohol.	
d	Halina lubi elegancką porcelanę.	
e	Kasia lubi zwierzęta.	
f	Mark lubi uczyć się polskiego.	
g	Monika lubi kosmetyki.	
h	Andrzej lubi słodycze.	
i	Basia lubi podróże.	
j	Ania lubi muzykę klasyczną.	
k	Justyna lubi kuchnię azjatycką.	
l	Michał lubi grać w szachy.	

63 | To są…

Match the pictures to the words.

_7_ okulary   ___ majtki   ___ nożyczki   ___ plecy
___ drzwi   ___ spodnie   ___ skrzypce   ___ kalesony
___ rajstopy   ___ jeansy   ___ urodziny   ___ usta

> **Did you know?** In Polish there is a group of words with no singular form. As they have only a plural form, we call them Pluralia Tantum. Generally they denote objects which consist of two parts, e.g. trousers have two legs, a mouth has two lips, glasses have two lenses. Such nouns need a verb in plural form, e.g. *To są nowe spodnie.*

SŁOWNICTWO

64 Co nie pasuje?

A Which is the odd one out?

1	mleko	jogurt	ser żółty	~~szpinak~~
2	bułki (pl)	brokuły (pl)	pomidory (pl)	czosnek
3	fanta	mleko	sprite	coca-cola
4	piwo	wino	woda	wódka
5	naleśniki z serem (pl)	bigos	pierogi ruskie (pl)	jajka sadzone z ziemniakami (pl)
6	wieprzowina	wołowina	kapuśniak	kurczak
7	rosół	makowiec	barszcz	żur
8	winogrona (pl)	jabłka (pl)	gruszki (pl)	groszek
9	budyń z sosem waniliowym	sernik	szarlotka z lodami	ziemniaki (pl)
10	kiełbasa	szynka	śmietana	kabanos

B Match the sentences below with the groups of words from exercise A.

a	Beniamin źle się czuje, bo wypił wczoraj za dużo alkoholu.	4
b	Moja babcia gotuje smaczne zupy.	
c	Dzieci kupują często napoje gazowane.	
d	Ta restauracja oferuje dania wegetariańskie.	
e	Bardzo często jemy na obiad mięso.	
f	Warzywa mają mało kalorii.	
g	Owoce są bardzo zdrowe.	
h	Dominik lubi słodkie desery.	
i	Mam alergię na nabiał. Nie mogę jeść…	
j	Gdzie są wędliny?	

65 | Pierogi z kapustą

In every line cross out one product or ingredient which is not usually served in this combination.

1	herbata z mlekiem, z cytryną, z cukrem, ~~z musztardą~~
2	frytki z ketchupem, z bitą śmietaną, z kurczakiem, z kotletem
3	chleb z dżemem, z masłem, z serem, z lodem
4	lody z sosem czekoladowym, z bitą śmietaną, z majonezem, z truskawkami
5	kawa z mlekiem, z cukrem, z sokiem malinowym, z bitą śmietaną
6	kotlet z dżemem, z ziemniakami, z ryżem, z chlebem
7	woda mineralna z papryką, z lodem, z cytryną, z sokiem
8	pizza z sosem pomidorowym, z salami, z makiem, z serem
9	kanapka z szynką, z cukierkami, z kiełbasą, z nutellą
10	pierogi z sernikiem, z kapustą, z mięsem, ze szpinakiem
11	naleśniki z serem, z gumą do żucia, z dżemem, z mięsem
12	żurek z kiełbasą, z jajkiem, z ziemniakami, z uszkami
13	precle z makiem, z ryżem, z solą, z sezamem
14	barszcz z czekoladą, z krokietem, z uszkami, z fasolą
15	sałatka z tuńczykiem, z kukurydzą, z pomidorami, z bigosem

> **Did you know?**
> Typical Polish meals are: *barszcz* (beetroot soup) served with *uszka* (a kind of ravioli with mushrooms or meat), croquette, sometimes with beans or egg (it can also be served with no additions); *żurek* (soup made from fermented rye flour) with egg, sausage or/and potatoes; *pierogi* (dumplings) served spicy or sweet, stuffed with meat or vegetarian filling; *bigos* (one-pot stew made of sauerkraut, meat and sausage).

66 On jeździ na rowerze

Complete the sentences with the expressions from the box.

- na nartach
- na łyżwach
- na deskorolce
- na rolkach
- na snowboardzie
- ~~na rowerze~~
- na skuterze
- na hulajnodze
- na koniu
- na karuzeli

Paweł jeździ _na rowerze_.

Basia jeździ _____.

Marta i Marek jeżdżą _____.

Bartek jeździ _____.

Janek jeździ _____.

Ania i Mateusz jeżdżą _____.

Jagna jeździ _____.

Piotr jeździ _____.

Rober jeździ _____.

Dzieci jeżdżą _____.

1 SŁOWNICTWO 95

67 Sklepy

A Match the pictures to the words.

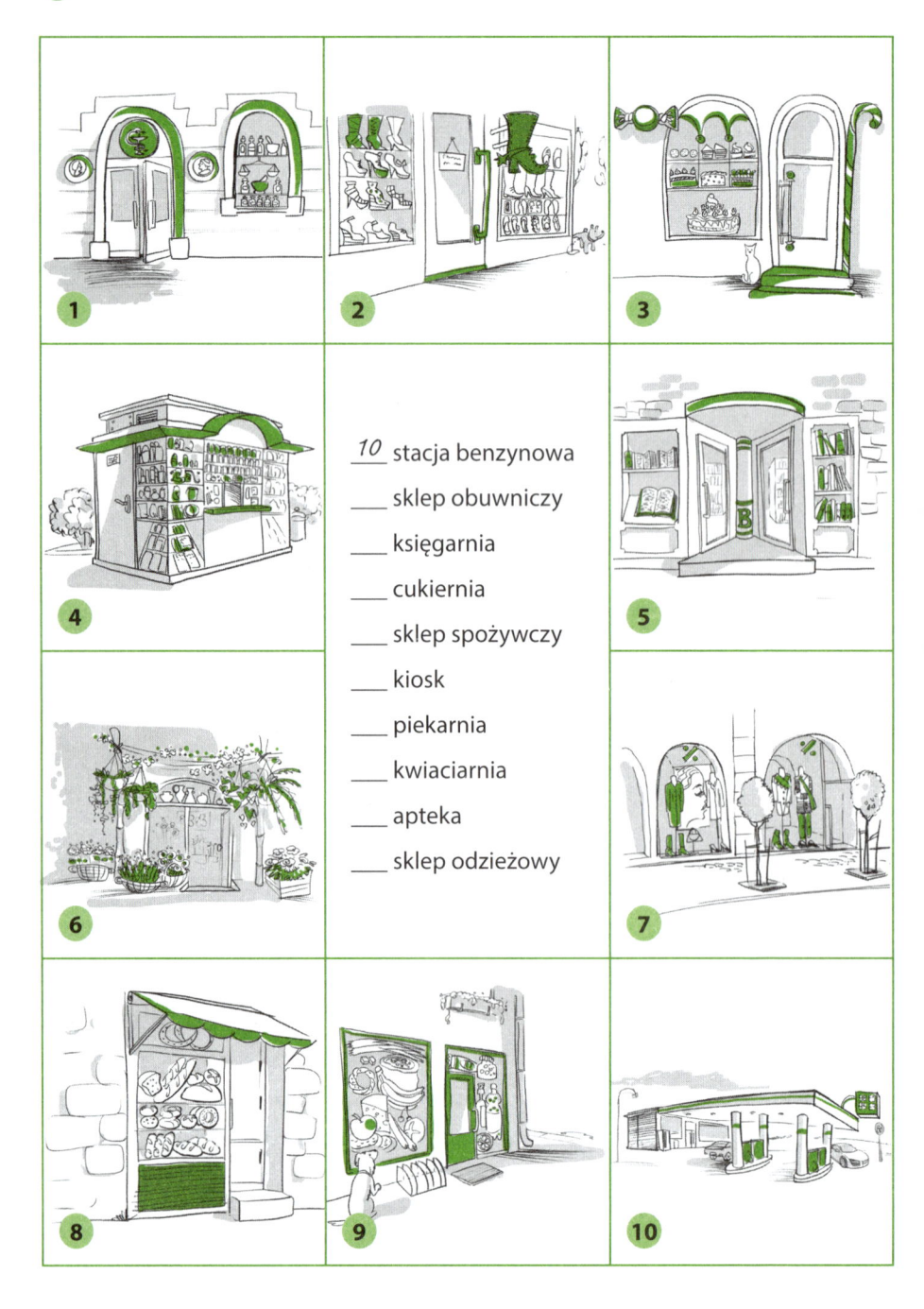

_10_ stacja benzynowa

___ sklep obuwniczy

___ księgarnia

___ cukiernia

___ sklep spożywczy

___ kiosk

___ piekarnia

___ kwiaciarnia

___ apteka

___ sklep odzieżowy

96 SŁOWNICTWO 1

B Match the shopping lists to the places where you can buy these items.

- na stacji benzynowej
- w sklepie obuwniczym
- w księgarni
- ~~w cukierni~~
- w sklepie spożywczym
- w kiosku
- w piekarni
- w kwiaciarni
- w aptece
- w sklepie odzieżowym

Te produkty kupimy...

1. _w cukierni_
sernik
makowiec
kremówki
szarlotka
kokosanki
ciasto jogurtowe

2. _____
sandały
kozaki
buty sportowe
pantofle
baleriny

3. _____
karma dla kotów
karma dla psów
benzyna
pieczywo
prasa

4. _____
aspiryna
bandaż
plaster
wata

5. _____
bułki
chleb
rogaliki
drożdżówki
precle

6. _____
róże
tulipany
frezje
gerbery
kaktusy
fiołki

7. _____
papierosy
bilety
gazety
woda mineralna

8. _____
kiełbasa
chleb
masło
ser
pomidory
piwo

9. _____
atlasy
książki
albumy

10. _____
spodnie
swetry
bluzki
spódnice
sukienki

C In every line there are two words in plural. Underline them.

a) benzyna, <u>atlasy</u>, bandaż, <u>gazety</u>, woda mineralna, szarlotka
b) spódnice, ciasto jogurtowe, prasa, rogaliki, karma dla kotów, piwo
c) kaktus, album, kiełbasa, sweter, papierosy, sukienki
d) róże, masło, książki, ser, aspiryna, plaster
e) gerbera, bilety, książka, atlas, pomidor, kozaki
f) frezje, gazety, tulipan, chleb, bluzka, róża

> **Did you know?** Non-masculine-personal nouns (those which do not refer to human males) have four possible endings: **-a**, **-y**, **-i**, **-e**. Almost all neuter plural nouns end in **-a**. In general, feminine plural nouns and non-masculine-personal nouns end in **-y**, e.g. *bilet, bilety* (ticket, tickets), or in **-i** when the ending is preceded by **-k** or **-g**, e.g. *kremówka, kremówki* (custard slice, custard slices). After certain consonants (**ni, ń, sz, cz, rz, ż, l, j, c, dz, ś, ć, ź**) plural nouns end in **-e**.

68 Co oni robią?

Match the pictures to the words. Put the verbs in the right forms.

~~czytać~~   flirtować   gotować   grać (2x)
jeść   obserwować   opalać się   pić   pływać   robić
spacerować   spać   tańczyć

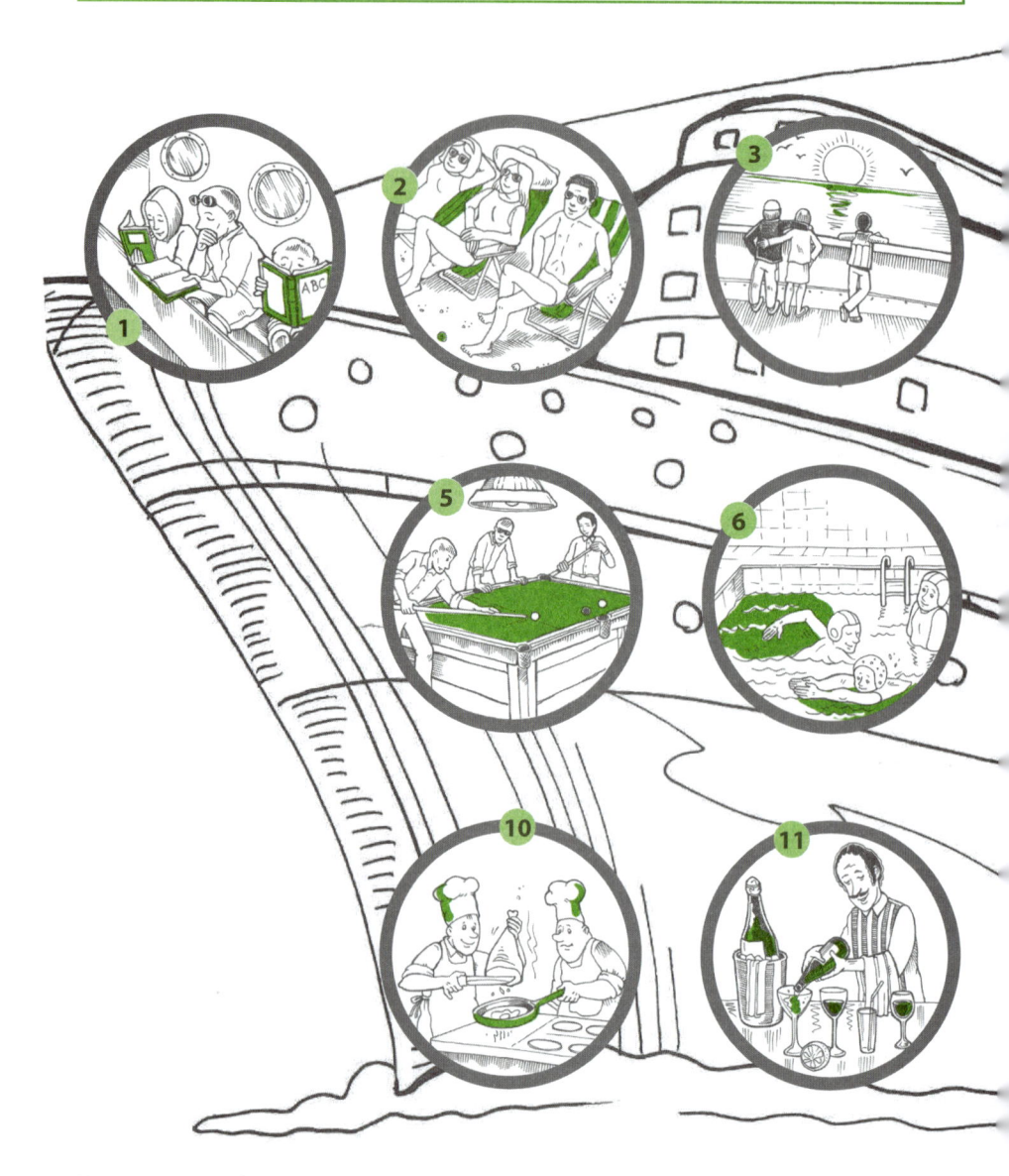

98 SŁOWNICTWO 1

1. oni _czytają_ książki
2. oni _____
3. oni _____ horyzont
4. oni _____
5. oni _____ w bilard(a)
6. oni _____
7. oni _____ lody
8. oni _____
9. oni _____ w karty
10. oni _____
11. on _____ drinki
12. oni _____ wino
13. oni _____
14. oni _____

SŁOWNICTWO 99

69 | Z czym oni mają problem?

Match the pictures to the descriptions.

_2_ On ma problem z kartą bankomatową.
___ Ona ma problem z rurą w łazience.
___ On ma problem z fonetyką polską.
___ Ona ma problem z matematyką.
___ Ona ma problem z kotami.
___ On ma problem z paszportem.
___ On ma problem z orientacją w mieście.
___ On ma problem z pieniędzmi.
___ On ma problem z szefem.
___ On ma problem z ortografią polską.
___ Ona ma problem z parasolem.
___ On ma problem z samochodem.

Did you know? The preposition *z* (when meaning with) is followed by the instrumental form of the noun. In the instrumental, feminine nouns end in *-ą* and masculine and neuter nouns in *-(i)em*. Plural forms end in *-ami*. Exceptions: *z pieniędzmi* (with money), *z dziećmi* (with children).

SŁOWNICTWO 101

70 Mała czy duża litera?

A Which words start with capital letters?

1	p/P	<u>P</u>olak, <u>P</u>olska, <u>p</u>olski, <u>P</u>oznań, <u>p</u>ies
2	w/W	__arszawa, __ino, __isła, __rocław, __łoch
3	n/N	__orwegia, __oga, __iemiecki, __iemiec, __oc
4	a/A	__ngielka, __merykański, __ustriak, __lpy, __ustriacki
5	h/H	__imalaje, __enryk, __otel, __ulajnoga, __elsinki
6	f/F	__rancja, __ilharmonia, __rancuski, __ilip, __iliżanka
7	r/R	__obert, __osja, __ak, __osyjski, __ower
8	t/T	__eresa, __rawa, __ruskawka, __atry, __ato
9	b/B	__elgia, __rzuch, __iologia, __elgijski, __ieszczady
10	k/K	__arkonosze, __asa, __raków, __rzysztof, __ino

B Put the words from the box above in the right category.

a. państwa
1. _Polska_
2. _____
3. _____
4. _____
5. _____

b. narodowości
1. _Angielka_
2. _____
3. _____
4. _____
5. _____

c. miasta
1. _Kraków_
2. _____
3. _____
4. _____
5. _____

d. góry
1. _Karkonosze_
2. _____
3. _____
4. _____
5. _____

e. imiona
1. _Robert_
2. _____
3. _____
4. _____
5. _____

> **Did you know?** In Polish we use a capital letter for names of people, countries, nationalities, towns, rivers and mountains beginning with capital letters, e.g. *Jan, Kowalski, Polska, Polak, Warszawa, Wisła, Tatry*. Note that all adjectives begin with a lower case letter.

Słowniczek

adj – adjective
adv – adverb
conj – conjunction

fem – feminine
masc – masculine
imp – imperfekive

perf – perfektive
pl – plural
prep – preposition

JĘZYK POLSKI	ENGLISH	DEUTSCH
A		
a (conj)	and, but, or	und
agitować	to canvass, to agitate	für etwas werben, agitieren
agresywny, a, e (adj)	aggressive	agressiv
aktor (masc), aktorka (fem)	actor, actress	Schauspieler(in)
aktualny,-a,-e (adj)	current	aktuell
aktywny,-a,-e (adj)	active	aktiv
ale (conj)	but	aber
Alpy (pl)	the Alps	Alpen
Ameryka	America	Amerika
Amerykanin (masc), **Amerykanka** (fem)	American	Amerikaner(in)
amerykański,-a,-ie (adj)	American	amerikanisch
ananas	pineapple	Ananas
Anglia	England	England
Anglik (masc), **Angielka** (fem)	Englishman, Englishwoman	Engländer(in)
angielski,-a,-ie (adj)	English	englisch
apteczka	first aid kit	Verbandskasten
apteka	pharmacy	Apotheke
archeologiczny,-a,-e (adj)	archaeological	archäologisch
Argentyna	Argentina	Argentinien
Argentyńczyk (masc), **Argentynka** (fem)	Argentinian	Argentinier(in)
argentyński,-a,-ie (adj)	Argentine	argentinisch
artykuł	article	Artikel
aspiryna	aspirin	Aspirin
astronom (masc), (fem)	astronomer	Astronom
asystent (masc), asystentka (fem)	assistant	Assistent(in)
atmosfera	atmosphere	Atmosphäre
aula	hall	Aula
Australia	Australia	Australien
Australijczyk (masc), **Australijka** (fem)	Australian	Australier(in)
australijski,-a,-ie (adj)	Australian	australisch
Austria	Austria	Österreich
Austriak (masc), **Austriaczka** (fem)	Austrian	Österreicher(in)
austriacki,-a,-ie (adj)	Austrian	österreichisch
autobus	bus	Bus
autorka kryminałów	crime writer	Krimiautorin
azjatycki,-a,-ie (adj)	Asian	asiatisch
B		
babcia	grandma	Oma
bagietki (pl)	baguettes	Baguettes
baleriny (pl)	ballet shoes	Ballerinas
balkon	balcony	Balkon
balon	baloon	Ballon
banan, banany (pl)	banana,-s	Banane,-n
bandaż	bandage	Bandage

1 SŁOWNICTWO 103

bankomat	cash machine	Geldautomat, Bankomat
bankowiec (masc), (fem)	banker	Bankangestellte(r)
bardzo (adv)	very	sehr
barszcz (czerwony)	beetroot soup	Rote-Rüben-Suppe
basen	swimming pool	Schwimmbad
Belgia	Belgium	Belgien
Belg (masc), **Belgijka** (fem)	Belgian	Belgier(in)
belgijski,-a,-ie (adj)	Belgian	belgisch
benzyna	petrol	Benzin
bez (prep)	without	ohne
bezalkoholowy,-a,-e (adj)	non-alcoholic	alkoholfrei
bezrobotny,-a,-e (adj)	unemployed	arbeitslos
bęben	drum	Trommel
biały,-a,-e (adj)	white	weiß
biedny,-a,-e (adj)	poor	arm
bigos	Polish stew made with meat and sauerkraut	ein polnisches Nationalgericht aus Weißkohl, Sauerkraut und verschiedenen Fleisch- und Wurstsorten
bilet	ticket	Fahrkarte
bilet wstępu	entrance ticket	Eintrittskarte
biologia	biology	Biologie
bita śmietana	whipped cream	Schlagsahne
biurko	desk	Schreibtisch
biuro	office	Büro
biustonosz	bra	BH
biznesmen	businessman	Geschäftsman
biżuteria	jewellery	Schmuck
bliny (pl)	blini	Puffer aus Hefeteig auf russische Art
blisko (adv)	close, near	nah
blondynka	blonde (woman)	Blondine
bluzka	blouse	Bluse
bo (conj)	because	weil
boczek	bacon	Schinkenspeck
bogaty,-a,-e (adj)	rich	reich
boleć	to hurt	weh tun
Boże Narodzenie	Christmas	Weihnachten
brać	to take	nehmen
brązowy,-a,-e (adj)	brown	braun
brokuły (pl)	broccoli	Brokkoli
brudny,-a,-e (adj)	dirty	schmutzig
brydż	bridge (card game)	Bridge
brzeg	bank (of the river)	Ufer
brzuch	belly, stomach	Bauch
brzydki,-a,-ie (adj)	ugly	hässlich
budyń	pudding (BRIT), blancmange (US)	Pudding
bukiet	bouquet	(Blumen)Strauß
bułka, bułki (pl)	bread roll,-s	Brötchen,-
burza	thunderstorm	Gewitter
burzowo (adv)	stormy	gewittrig
but, buty (pl)	shoe,-s	Schuh,-e
być	to be	sein
C		
całować	to kiss	küssen
cały,-a,-e (adj)	whole	ganz
cebula	onion	Zwiebel
cena	price	Preis
centrum	centre	Zentrum
cesarz	emperor	Kaiser

chcieć	to want	wollen
chiński,-a,-ie (adj)	Chinese	chinesisch
chirurg (masc), (fem)	surgeon	Chirurg(in)
chleb	bread	Brot
chłopiec	boy	Junge
chodnik	pavement (BRIT), sidewalk (US)	Gehweg
chodzić	to walk, to go	gehen
chomik	hamster	Hamster
chory,-a,-e (adj)	ill, sick	krank
ciało	body	Körper
ciasto	cake	Kuchen
ciemny,-a,-e (adj)	dark	dunkel
ciepły-a,-e (adj)	warm	warm
cieszyć się	to be pleased	sich freuen
ciężarówka	lorry (BRIT), truck (US)	LKW
ciocia	aunt	Tante
co	what	was
codziennie	every day	täglich
coś	something	etwas
córka	daughter	Tochter
cukier	sugar	Zucker
cukierki (pl)	sweets (BRIT), candy (US)	Bonbons
cukiernia	cake shop	Konditorei
cynamon	cinnamon	Zimt
cytryna	lemon	Zitrone
czajnik	kettle	Kessel
czapka	hat	Mütze
czarny,-a,-e (adj)	black	schwarz
czas	time	Zeit
czasami / czasem	sometimes	manchmal
Czechy (pl)	the Czech Republic	Tschechien
Czech (masc), **Czeszka** (fem)	Czech	Tscheche, Tschechin
czeski,-a,-ie (adj)	Czech	tschechisch
czekać (imp) – poczekać (perf)	to wait	warten
czekolada	chocolate	Schokolade
czerwiec	June	Juni
czerwony,-a,-e (adj)	red	rot
Cześć!	1. Hello!, 2. Bye!	1. Hallo!, 2. Tschüss!
często (adv)	often	oft
czosnek	garlic	Knoblauch
czternaście	fourteen	vierzehn
cztery	four	vier
czuć się	to feel	sich fühlen
czwartek	Thursday	Donnerstag
czy	do you… / if	Signalwort in den Entscheidungsfragen oder "ob"
czysty,-a,-e (adj)	clean	sauber
czytać	to read	lesen
D		
dach	roof	Dach
damski,-a,-ie (adj)	female	Damen-, feminin
Dania	Denmark	Dänemark
Duńczyk (masc), **Dunka** (fem)	Dane	Däne, Dänin
duński,-a,-ie (adj)	Danish	dänisch
danie	dish (meal)	Gericht, Speise
dekorator (masc), dekoratorka (fem)	decorator	Dekorateur(in)
dekorować	to decorate	dekorieren
dentysta (masc), dentystka (fem)	dentist	Zahnarzt

deser	dessert	Nachtisch
deskorolka	skateboard	Skateboard
deszcz	rain	Regen
deszczowo (adv)	rainy	regnerisch
dieta	diet	Diät
dla (prep)	for	für
dlaczego	why	warum
dlatego	therefore, so	darum, deswegen
długi,-a,-ie (adj)	long	lang
długo (adv)	long	lang(e)
długopis, długopisy (pl)	(ballpoint) pen,-s	Kugelschreiber,-
do (prep)	to	nach, zu
dobry,-a,-e (adj)	good	gut
dobrze (adv)	good	gut
dom	house	Haus
doświadczony,-a,-e (adj)	experienced	erfahren
dowód osobisty	identity card (ID)	Personalausweis
drinki (pl)	drinks	Drinks
drobne	small change	Kleingeld
droga	road	Weg
drogi,-a,-ie (adj)	1. dear, 2. expensive	1. lieber, 2. teuer
drożdżówka	kind of sweet bun	Hefegebäck
drzwi	door	Tür
dużo (adv)	many, a lot	viel
duży,-a,-e (adj)	big, large	groß
dwa	two	zwei
dwadzieścia	twenty	zwanzig
dwie	two (with feminine nouns)	zwei (mit weiblichen Substantiven)
dworzec kolejowy	railway station	Bahnhof
dyrygent (masc), dyrygentka (fem)	**conductor (of an orchestra)**	**Dirigent(in)**
dyrygować	to conduct (an orchestra)	dirigieren
dyscyplina sportu	sport discipline	Sportart
dyskoteka	disco	Disco
dyskutować	to discuss	diskutieren
dywan, dywany (pl)	carpet	Teppich,-e
dziać się	to happen	passieren
dziadek	grandpa	Opa
dziadkowie (pl)	grandparents	Großeltern
dziecko, dzieci (pl)	child, children	Kind,-er
dzień	day	Tag
dziennie (adv)	daily (per day)	täglich
dziennikarz (masc), dziennikarka (fem)	**journalist**	**Journalist(in)**
dziesięć	ten	zehn
dziewczyna	1. girl, 2. girlfriend	1. Mädchen, 2. Freundin
dziękować	to thank	danken
dzisiaj / dziś	today	heute
dżem	jam	Marmelade
E		
Egipt	**Egypt**	**Ägypten**
Egipcjanin (masc), **Egipcjanka** (fem)	**Egyptian**	**Ägypter(in)**
egipski,-a,-ie (adj)	**Egyptian**	**ägyptisch**
egzamin	exam	Prüfung, Examen
ekran	screen	Bildschirm
eksponat	exhibit	Ausstellungsstück
ekspres do kawy	coffee maker	Kaffeemaschine
elegancki,-a,-ie (adj)	elegant	elegant
elektryczność	electricity	Elektrizität

elektryczny,-a,-e (adj)	electric	elektrisch
elektryk (masc), (fem)	electrician	Elektriker(in)
emeryt (masc), emerytka (fem)	pensioner	Rentner(in)
Europejczyk (masc), Europejka (fem)	European	Europäer(in)
europejski,-a,-ie (adj)	European	europäisch
F		
fajny,-a,-e (adj)	great, cool	cool
fałsz / prawda	false / true	falsch / richtig
fantazja	fantasy	Fantasie
fascynacja	fascination	Faszination
fasola / fasolka	bean,-s	Bohne,-n
figi	panties	Damenslip
figura	figure	Figure
filharmonia	philharmonic	Philharmonie
filiżanka	cup	Tasse
filozof	philosopher	Philosoph
Finlandia	Finland	Finnland
Fin (masc), **Finka** (fem)	Finn	Finne, Finnin
fiński,-a,-ie (adj)	Finnish	finnisch
fioletowy,-a,-e (adj)	purple	violett
firma	firm, company	Firma
fizyk (masc), (fem)	physicist	Phisiker
flet	flute	Flöte
flirtować	to flirt	flirten
fonetyka	phonetics	Phonetik
fontanna	fountain	Springbrunnen
forma	form	Form
fortepian	grand piano	Flügel
fotel, fotele (pl)	armchair,-s	Sessel,-
fotograf (masc), (fem)	photographer	Fotograf(in)
fotografia	photo, photography	Foto
fotografować	to photograph	fotografieren
Francja	France	Frankreich
Francuz (masc), **Francuzka** (fem)	Frenchman, Frenchwoman	Franzose, Französin
francuski,-a,-ie (adj)	French	französisch
frezja	freesia	Freesie
frytki (pl)	chips (BRIT), fries (US)	Pommes frittes
fryzjer (masc), fryzjerka (fem)	hairdresser	Friseur(in)
funkcjonować	to function	funktionieren
futrzany,-a,-e (adj)	fur	Pelz-
G		
gabinet dentystyczny	dental practice	Zahnarztpraxis
garaż	garage	Garage
garnitur	suit	Anzug
gazeta, gazety (pl)	newspaper	Zeitung,-en
gdzie	where	wo
generał	general	General
giełda	exchange	Börse
gimnazjum	middle school	im polnischen Schulsystem eine Schulart nach der Grundschule
gitara	guitar	Gitarre
głodny,-a,-e (adj)	hungry	hungrig
głos	voice	Stimme
głośno (adv)	loudly	laut
głowa	head	Kopf
główny,-a,-e (adj)	main	Haupt-
głupi,-ia,-ie (adj)	stupid	dumm
godzina	hour	Uhr / Stunde

golić się	to shave	sich rasieren
golonka	knuckle of pork	Eisbein
gołoledź	black ice	Glatteis
gorąco (adv)	hot	heiß
gospodyni domowa	housewife	Hausfrau
gotować	to cook	kochen
góra, góry (pl)	mountain,-s	Berg,-e
gra	game	Spiel
grać	to play	spielen
grad	hail	Hagel
gramatyka	grammar	Grammatik
gratis	gratis, free (of charge)	gratis
gratulować	to congratulate	gratulieren
Grecja	**Greece**	**Griechenland**
Grek (masc), **Greczynka** (fem)	**Greek**	**Grieche, Griechin**
grecki,-a,-ie (adj)	**Greek**	**griechisch**
groch / groszek (zielony)	pea,-s	Erbse,-n
gruby,-a,-e (adj)	thick, fat	dick
grupa	group	Gruppe
gruszka	pear	Birne
gulasz	goulash	Gulasch
H		
hak	hook	Haken
herbata	tea	Tee
Hindus	Indian	Inder(in)
historia, historie (pl)	history, story, stories	Geschichte,-n
Hiszpania	**Spain**	**Spanien**
Hiszpan (masc), **Hiszpanka** (fem)	**Spaniard**	**Spanier(in)**
hiszpański,-a,-ie (adj)	**Spanish**	**spanisch**
Holandia	**Holland**	**Holland**
Holender (masc), **Holenderka** (fem)	**Dutchman, Dutchwoman**	**Holländer(in)**
holenderski,-a,-ie (adj)	**Dutch**	**holländisch**
hulajnoga	scooter	Roller
I		
i (conj)	and	und
ile	how many, how much	wie viel
imieniny (pl)	nameday	Namenstag
imię	name	Vorname
impreza	party, event	Party, Veranstaltung
inaczej (adv)	differently	anders
informacja	information	Information
informatyk (masc), (fem)	IT specialist	Informatiker(in)
informatyka	computer science, IT	Informatik
inny,-a,-e (adj)	other	anderer, andere, anderes
inspiracja	inspiration	Inspiration, Eingebung
inteligentny,-a,-e (adj)	intelligent	intelligent
intensywnie (adv)	intensively	intensiv
interesować się	to be interested in	sich interessieren für
interesujący,-a,-e (adj)	interesting	interessant
inżynier (masc), (fem)	engineer	Ingenieur(in)
Irlandia	**Ireland**	**Irland**
Irlandczyk (masc), **Irlandka** (fem)	**Irishman, Irishwoman**	**Ire, Irin**
irlandzki,-a,-ie (adj)	**Irish**	**irisch**
iść	to go, to walk	gehen
J		
ja	I	ich
jabłko, jabłka (pl)	apple,-s	Apfel,⸗
jajko, jajka (pl)	egg,-s	Ei,-er

jajko sadzone	fried egg	Spiegelei
jak	how	wie
jaki,-a,-ie	what (what colour do you like), which	welcher, welche, welches
jako	as	als
Japonia	**Japan**	**Japan**
Japończyk (masc), **Japonka** (fem)	Japanese man, Japanese woman	Japaner(in)
japoński,-a,-ie (adj)	Japanese	japanisch
jasny,-a,-e (adj)	bright	hell
jechać, jeździć (imp) – pojechać (perf)	to go by vehicle	fahren
jeden	one	eins
jedzenie	food	Essen
jego	his	sein,-e,-
jej	her, hers	ihr,-e,-
jesień	autumn	Herbst
jeszcze	still, yet	noch
jeść (imp) – zjeść (perf)	to eat	essen
jezioro	lake	(der) See
język	1. language, 2. tongue	1. Sprache, 2. Zunge
językowy,-a,-e (adj)	language	Sprach-
jogurt	yoghurt	Jog(h)urt
jutro	tomorrow	morgen
już	already	schon
K		
kabanos	smoked pork sausage	Kabanossi
kaczka	duck	Ente
kaktus	cactus	Kaktus
kalendarz	calendar	Kalender
kalesony (pl)	long johns	(lange) Unterhose
kalkulator	calculator	Taschenrechner
kaloria, kalorie (pl)	calorie,-s	Kalorie,-n
kałuża	puddle	Pfütze
kanapka	sandwich	belegtes Brötchen
kantor	bureau de change	Wechselstube
kapelusz	hat	Hut
kapusta	cabbage	Kraut
kapusta kiszona	sauerkraut	Sauerkraut
kapuśniak	cabbage soup	Krautsuppe
karma	animal feed	Futter
karta bankomatowa	debit card, cash card	Geldkarte
karuzela	merry-go-round (BRIT), carousel (US)	Karussell
kasa	cash desk	Kasse
katar	catarrh, runny nose	Schnupfen
kategoria	category	Kategorie
kawa	coffee	Kaffee
kawiarnia	café	Café
kawior	caviar	Kaviar
każdy,-a,-e	every, each	jeder, jede, jedes
kąpielówki (pl)	swimming trunks	Badehose
kelner (masc), kelnerka (fem)	waiter, waitress	Kellner(in)
kiedy	when	wann, wenn
kiedyś	once, sometime	irgendwann
kieliszek, kieliszki (pl)	(wine, shot) glass,-es	(Wein-, Wodka-)Glas,¨-er
kiełbasa	sausage	Wurst
kierowca (masc), (fem)	driver	Fahrer(in)
kino	cinema, the movies	Kino
kinoman (masc), kinomanka (fem)	film buff	Kinofan
klapki (pl)	flip-flops	Flipflops
klasa	class	Klasse

klasyczny,-a,-e (adj)	classic	klassisch
klient (masc), klientka (fem)	customer	Kunde, Kundin
klimat	climate	Klima
klimatyzacja	air conditioning	Klimaanlage
klub	club	Klub
klucz	key	Schlüssel
kłócić się	to quarrel, to argue	sich streiten
kobieta, kobiety (pl)	woman, women	Frau,-en
koc	blanket	(Woll)Decke
kochać	to love	lieben
kochany,-a,-e (adj)	dear	lieber, liebe, liebes
kokosanki (pl)	coconut cookies	Kokosmakronen
kolacja	supper	Abendbrot
kolano, kolana (pl)	knee,-s	Knie,-
kolega (masc), koleżanka (fem)	friend	Kollege, Kollegin
kolejny,-a,-e (adj)	next	nächste(-r,-s)
kolor	colour	Farbe
kolorowy,-a,-e (adj)	colourful	bunt
komórka, komórki (pl)	mobile phone,-s (BRIT), cell phone (US)	Handy,-s
komplet	set	Satz, Garnitur
komponować	to compose	komponieren
kompozytor	composer	Komponist
koncert	concert	Konzert
konduktor (masc), konduktorka (fem)	ticket inspector	Schaffner(in)
kontrabas	double bass	Kontrabass
kontrola	control	Kontrolle
kontroler (masc), kontrolerka (fem)	inspector	Kontrolleur(in)
kontrolować	to control	kontrolieren
koń	horse	Pferd
kończyć	to end, to finish	beenden
kort	tennis court	Tennisplatz
korytarz	corridor	Korridor
korzystać	to use	benutzen
kosmetyki (pl)	cosmetic	Kosmetika
kosz na śmieci	dustbin (BRIT), garbage can (US)	Mülleimer
kosztować	to cost	kosten
koszula	shirt	Hemd
kot, koty (pl)	cat,-s	Katze,-n
kotlet, kotlety (pl)	chop,-s	Kotelett,-s
kotlety sojowe (pl)	soya cutlets	Sojaburger
kozaki (pl)	high boots	Stiefel
kożuch	sheepskin coat	Schafspelz
kraj	country	Land
krawat	tie	Krawatte
kreatywny,-a,-e (adj)	creative	kreativ
kredyt	credit	Kredit
kremówki (pl)	custard slices	Cremetörtchen
krok	step	Schritt
krokiet	croquette	Krokette
król	king	König
królowa	queen	Königin
krótki,-a,-ie (adj)	short	kurz
krzesło, krzesła (pl)	chair,-s	Stuhl,¨e
książka, książki (pl)	book,-s	Buch,¨er
księgarnia	bookshop	Buchhandlung
kto	who	wer
który,-a,-e	which	welcher, welche, welches

kubek	mug	Becher
kucharz (masc), kucharka (fem)	cook	Koch, Köchin
kuchenka	cooker	Herd
kuchenka mikrofalowa	microwave	Mikrowelle
kuchnia	1. kitchen, 2. cousine	Küche
kukurydza	sweetcorn, corn	Mais
kulturalny,-a,-e (adj)	cultural	kulturell
kupować (perf) – kupić (imp)	to buy	kaufen
kurczak	chicken	Hähnchen
kurs	course	Kurs
kurtka	jacket	Jacke
kuzyn (masc), kuzynka (fem)	cousin	Cousin(e)
kwaśny,-a,-e (adj)	sour	sauer
kwiaciarnia	florist's	Blumengeschäft
kwiatek, kwiatki (pl)	flower,-s	Blume,-n

L

lalka	doll	Puppe
lampa	lamp	Lampe
lampka nocna	table lamp	Tischlampe
las	forest	Wald
lato	summer	Sommer
lawina	avalanche	Lawine
leczyć	to treat	heilen, behandeln
lekarz (masc), lekarka (fem)	doctor	Arzt, Ärztin
lekki,-a,-ie (adj)	light	leicht
leżeć	to lie (as in to lie down)	liegen
liczba, liczby (pl)	number,-s	Zahl, -en
likier	liqueur	Likör
lis	fox	Fuchs
list, listy (pl)	letter,-s (correspondence)	Brief, -e
listonosz (masc), listonoszka (fem)	postman (BRIT) , mailman (US)	Briefträger(in)
listopad	November	November
lodówka	refrigerator	Kühlschrank
lody (pl)	ice cream	Eis
lotnisko	airport	Flughafen
lód	ice	Eis
lub (conj)	or	oder
lubić	to like	mögen
ludzie (pl)	people	Leute
lustro	mirror	Spiegel
luty	February	Februar

Ł

ładny,-a,-e (adj)	pretty	schön
łagodny,-a,-e (adj)	gentle, mild	mild
ławka	bench	Bank
łazienka	bathroom	Badezimmer
łóżko, łóżka (pl)	bed,-s	Bett,-en
łyżeczka do herbaty	teaspoon	Teelöffel
łyżka	spoon	Löffel
łyżwy (pl)	ice skates	Schlittschuhe

M

magister	Master of Science / Arts	Magister (Universitätsgrad)
majonez	mayonnaise	Majonäse
majtki (pl)	panties, briefs	Slip, Unterhose
mak	poppy	Mohn
makaron	pasta	Pasta
makowiec	poppy-seed cake	Mohnkuchen
malarz (masc), malarka (fem)	painter, decorator	Maler(in)

malinowy,-a,-e (adj)	raspberry	Himbeer-
malować	to paint	malen
mały,-a,-e (adj)	small	klein
mama	mum	Mutti
marka samochodu	make of car	Automarke
marynarka	suit jacket	Sakko
masło	butter	Butter
matematyka	mathematics	Mathematik
materac, materace (pl)	mattress,-es	Matratze,-n
mądry,-a,-e (adj)	wise, clever, smart	klug, weise
mąż	husband	Ehemann
meble (pl)	furniture	Möbel
mechanik (masc), (fem)	mechanic	Mechaniker(in)
metro	underground (BRIT), subway (US)	U-Bahn
męski,-a,-ie (adj)	men's, masculine	männlich
mężczyzna	man	Mann
mgliście (adv)	foggy	neblig
mgła	fog	Nebel
miasto, miasta (pl)	town, city	Stadt,-̈e
mieć	to have	haben
miejsce	place	Platz
miesiąc	month	Monat
mieszkać	to live	wohnen
mieszkanie	flat (BRIT), apartment (US)	Wohnung
mieszkaniec (masc), mieszkanka (fem)	resident	Bewohner(in)
między (prep)	between	zwischen
mięso	meat	Fleisch
mięso mielone	minced meat	Hackfleisch
Miłego weekendu!	Have a nice weekend!	Schönes Wochenende!
miło (adv)	nice	angenehm, nett
miłość	love	Liebe
miły,-a,-e (adj)	nice	nett
minuta	minute	Minute
miód	honey	Honig
mleko	milk	Milch
młody,-a,-e (adj)	young	jung
mocno (adv)	hard	stark
mocny,-a,-e (adj)	strong	stark
model (masc), modelka (fem)	model	Model
moderator	moderator	Moderator
moderować	to moderate	moderieren
mokry,-a,-e (adj)	wet	nass
morze	sea	Meer
motocykl	motorcycle	Motorrad
może	perhaps, maybe	vielleicht
móc	to be able to	können
mój, moja, moje	my	mein,-e,-
mówić	to speak, to say, to tell	sagen, sprechen
mroźnie (adv)	frosty	frostig
mróz	frost	Frost
musieć	to have to	müssen
musli	cereal	Müsli
muzyk (masc), (fem)	musician	Musiker(in)
muzyka	music	Musik
myć (się)	to wash (oneself)	(sich) waschen
mydło	soap	Seife
myśleć	to think	denken

N

na (prep)	on	auf
na pewno	definitely	sicher
na przykład, np.	for example, e.g.	zum Beispiel, z. B.
nabiał	dairy products	Milchprodukte
nad (prep)	above	über
nadzieja	hope	Hoffnung
najczęściej (adv)	the most often	meistens
najlepszy,-a,-e (adj)	the best	der/die/das/ beste
najmodniejszy,-a,-e (adj)	the most fashionable	der/die/das modernste
naleśniki (pl)	pancakes, crepes	Pfannkuchen
napiwek	tip (money)	Trinkgeld
napoje gazowane (pl)	sparkling drinks	mit Kohlensäure versetzte Getränke
napój, napoje (pl)	soft drink,-s	Getränk,-e
narodowość	nationality	Nationalität
narodziny (pl)	birth	Geburt
narty (pl)	skis	Schier
następny,-a,-e (adj)	next	nächster, nächste, nächstes
naturalny,-a,-e (adj)	natural	natürlich
nauczyciel (masc), nauczycielka (fem)	**teacher**	**Lehrer(in)**
nawet	even	sogar
Nawzajem!	Same to you!	Gleichfalls!
nazwisko	surname	Familienname
nazywać się	to be called	heißen
nic	nothing	nichts
nie	no, not	nein, nicht
niebieski,-a,-ie (adj)	blue	blau
niebo	sky	Himmel
niedziela	Sunday	Sonntag
Niemcy (pl)	**Germany**	**Deutschland**
Niemiec (masc), Niemka (fem)	**German**	**Deutscher, Deutsche**
niemiecki,-a,-ie (adj)	**German**	**deutsch**
niepalący,-a,-e (adj)	non-smoker	Nichtraucher
nigdy	never	nie
niski,-a,-ie (adj)	short, low	niedrig
niż (conj)	than	als
noc	night	Nacht
noc polarna	the polar night	Polarnacht
noga	leg	Bein
normalny,-a,-e (adj)	normal	normal
Norwegia	**Norway**	**Norwegen**
Norweg (masc), Norweżka (fem)	**Norwegian**	**Norweger(in)**
norweski,-a,-ie (adj)	**Norwegian**	**norwegisch**
nos	nose	Nase
notes	notebook	Notitzbuch
nowy,-a,-e (adj)	new	neu
nożyczki (pl)	scissors	Schere
nóż	knife	Messer
nudny,-a,-e (adj)	boring, dull	langweilig
nudzić się	to be bored	sich langweilen

O

o (prep)	about	über, von
obiad	lunch /dinner	Mittagessen
obok (prep)	by, near, close to	neben
obraz, obrazy (pl)	picture,-s	Bild,-er
obserwować	to observe, to watch	beobachten
ocet	vinegar	Essig
ochota	willingness	Lust

SŁOWNICTWO 113

od (prep)	from, since	von, ab, seit
odzieżowy,-a,-e (adj)	clothing, clothes	Kleider-, Konfektions-
oferować	to offer	anbieten
oglądać	to look at, to watch	sich ansehen
ogłoszenie	announcement	Anzeige
ogórek	cucumber	Gurke
ogród	garden	Garten
okazja	chance, opportunity	Gelegenheit
okno, okna (pl)	window,-s	Fenster,-
oko, oczy (pl)	eye,-s	Auge,-n
około	about, around	etwa
okulary (pl)	glasses	Brille
oliwa z oliwek	olive oil	Olivenöl
oliwka, oliwki (pl)	olive,-s	Olive,-n
ołówek	pencil	Bleistift
on	he	er
ona	she	sie
one	they (non-masculine personal)	sie (Plural, Sachform)
oni	they (masculine personal)	sie (Plural, Personalform)
opady (deszczu) (pl)	precipitation	Niederschläge
opalać się	to sunbathe	sich sonnen
operacja	operation, surgery	Operation
operować	to operate	operieren
opowiadać	to talk, to tell	erzählen
optymista (masc), optymistka (fem)	optimist	Optimist(in)
organy elektryczne	keyboard	Keyboard
orientacja	orientation	Orientierung
orkiestra	orchestra	Orchester
ortografia	spelling	Ortographie, Rechtschreibung
oscypki (pl)	smoked ewe's milk cheese made in the Tatra Mountains	in der Hohen Tatra hergestellter (geräucherter) Hartkäse aus Schafsmilch
osiem	eight	acht
osoba	person	Person
osobisty,-a,-e (adj)	personal	persönlich
ostatni,-ia,-ie (adj)	the last	letzter, letzte, letztes
ostatnio (adv)	recently	neulich
ostry,-a,-e (adj)	spicy	scharf
oszczędzać	save	sparen
otwarty,-a,-e (adj)	open	offen, geöffnet
owoce (pl)	fruit	Obst
P		
pacjent (masc), pacjentka (fem)	patient	Patient(in)
pacyfista (masc), pacyfistka (fem)	pacifist	Pazifist(in)
padać (deszcz, śnieg)	to rain / snow	regnen, schneien
pająk	spider	Spinne
palec, palce (pl)	1. finger,-s, 2. toe,-s	1. Finger,-, 2. Zehe,-n
palić	to smoke	rauchen
pan / pani	Mr. / Mrs.	Herr / Frau
pantofle (pl)	slippers	Hausschuhe
państwo	Mr. and Mrs.	Herrschaften
papierosy (pl)	cigarettes	Zigaretten
papier toaletowy	toilet paper	Toilettenpapier
papryka	(sweet) pepper	Paprika
papuga	parrot	Papagei
parówki (pl)	frankfurters	Würstchen
Paryż	Paris	Paris
pasek	belt	Gürtel

pasta do zębów	toothpaste	Zahnpasta
pasujący,-a,-e (adj)	matching, fitting	passend
paszport	passport	Pass
pasztet	pâté	Pastete
pełny,-a,-e (adj)	full	voll
perfumy (pl)	perfume	Parfüm
perkusja	drums, percussion	Schlagzeug
peron	platform	Bahnsteig
(na) pewno	definitely	sicher
pianino	piano	Klavier
pianista	pianist	Pianist
piątek	Friday	Freitag
pić	to drink	trinken
pieczarka, pieczarki (pl)	mushroom,-s	Champignon,-s
pieczywo	bread	Brot
piekarnia	bakery	Bäckerei
piekarnik	oven	Backofen
piekarz (masc), (fem)	baker	Bäcker(in)
pieniądze (pl)	money	Geld
pieprz	pepper (spice)	Pfeffer
pierogi (pl)	boiled dumplings with a sweet or savoury filling	Teigtaschen gefüllt mit Fleisch, Quark mit Kartoffeln oder Obst
pierogi ruskie	dumplings filled with potatoes and cheese	russische Piroggen (Teigtaschen mit der Füllung aus Quark und Kartoffeln)
pierścionek	ring (jewellery)	Ring
pierwszy,-a,-e	the first	erster, erste, erstes
pies, psy (pl)	dog,-s	Hund,-e
pięć	five	fünf
piękny,-a,-e (adj)	beautiful	schön
piętnaście	fifteen	fünfzehn
pilot	pilot	Pilot
piłka, piłki (pl)	ball,-s	Ball,¨-e
pionowo (adv)	down	senkrecht
piosenkarz (masc), piosenkarka (fem)	singer	Sänger(in)
pisać	to write	schreiben
pisanie	writing	Schreiben
pisarz (masc), pisarka (fem)	writer	Schriftsteller(in)
piwnica	cellar	Keller
piwo	beer	Bier
plaster	plaster (BRIT), bandaid (US)	Pflaster
plecak	rucksack	Rucksack
plecy (pl)	back	Rücken
płakać	to cry	weinen
płaszcz	coat	Mantel
płyn do mycia naczyń	washing-up liquid	Geschirrspülmittel
pływać	to swim	schwimmen
pływak	swimmer	Schwimmer
po (prep)	after	nach
po południu	in the afternoon	am Nachmittag
pochodzić (z)	come (from)	kommen (aus)
pociąg	train	Zug
początek	beginning, start	Anfang
początkujący,-a,-e (adj)	beginner	Beginner
poczta	post office	Post
pod (prep)	under	unter
podobać się	to like	gefallen
podpisywać się (imp) – podpisać się (perf)	to sign	unterschreiben
podróż, podróże (pl)	journey,-s, trip,-s	Reise,-n

podróż służbowa	business trip	Dienstreise
podróżować	to travel	reisen
poduszka	pillow	Kissen
poeta (masc), poetka (fem)	poet	Dichter,-in
poezja	poetry	Poesie
pogoda	weather	Wetter
pogotowie	emergency service	Rettungsdienst
pojawiać się (imp) – pojawić się (perf)	to appear	erscheinen
pojechać	to go	hinfahren
pokój	room	Zimmer
Polska	**Poland**	**Polen**
Polak (masc), **Polka** (fem)	**Pole**	**Pole, Polin**
polski,-a,-ie (adj)	**Polish**	**polnisch**
polityk (masc), (fem)	politician	Politiker(in)
położyć się	to lie down	sich hinlegen
południe	1. south, 2. noon	1. Süden, 2. Mittag
pomagać (imp) – pomóc (perf)	to help	helfen
pomarańcza	orange	Orange
pomarańczowy,-a,-e (adj)	orange	orange
pomidor, pomidory (pl)	tomato,-es	Tomate,-n
pomoc	help	Hilfe
poniedziałek	Monday	Montag
popielniczka	ashtray	Aschenbecher
popołudnie	afternoon	Nachmittag
por	leek	Porree
pora roku	season	Jahreszeit
porcelana	porcelain	Porzellan
Portugalia	**Portugal**	**Portugal**
Portugalczyk (masc), **Portugalka** (fem)	**Portuguese**	**Portugiese, Portugiesin**
portugalski,-a,-ie (adj)	**Portuguese**	**portugiesisch**
posprzątany,-a,-e (adj)	cleaned, tidied	aufgeräumt
pościel	bedclothes, bedding	Bettzeug
pośladek, pośladki (pl)	buttock,-s	Hinterbacke,-n
potrzebować	to need	brauchen
pozdrawiać	to greet	begrüssen
pozdrowienia (pl)	greetings, regards	Grüsse
poziom	level	Niveau
poziomo	across	waagerecht
poznać	to meet, to get to know each other	kennen lernen
północ	1. north, 2. midnight	1. Norden, 2. Mitternacht
praca	work	Arbeit
pracoholik	workaholik	Workaholik
pracować	to work	arbeiten
pracownik	worker, employee	Mitarbeiter
praliny (pl)	chocolates	Pralinen
pralka	washing machine	Waschmaschine
prasa	the press	Presse
prawda	truth	Wahrheit
prawie	almost, nearly	fast
(w) prawo	to the right	rechts
precle (pl)	pretzels	Brezeln
prezent, prezenty (pl)	present,-s, gift,-s	Geschenk,-e
problem	problem	Problem
profesjonalista	professional	Profi
profesjonalnie (adv)	professionally	professionell
prognoza pogody	weather forecast	Wetterbericht
programista (masc), programistka (fem)	programmer	Programmierer(in)

programować	to programme	programmieren
projekt	project	Projekt
projektant (masc), projektantka (fem)	designer	Projektant(in)
projektować	to design	etwerfen, gestalten
propaganda	propaganda	Propaganda
propagować	to propagate	propagieren
prosić	to ask	bitten
proszek do prania	washing powder	Waschpulver
protestować	to protest	protestieren
prowadzić	to lead, to drive (a vehicle)	führen
prysznic	shower	Dusche
prywatny,-a,-e (adj)	private	privat
przecież	but, yet	doch
przed (prep)	in front of	vor
przedpokój	hall	Vorzimmer
przedstawić	to introduce	vorstellen
przejść	to cross	überqueren
przepraszać	to apologize	entschuldigen
przez (prep)	across, through	durch
przy (prep)	by, at	an
przyjechać	to arrive	ankommen
przyprawy (pl)	spices	Gewürze
przystanek autobusowy / tramwajowy	bus / tram stop	Bus- / Straßenbahnhaltestelle
przystojny,-a,-e (adj)	handsome	gutaussehend
puchowy,-a,-e (adj)	down (feathers)	Daunen-
punktualny,-a,-e (adj)	punctual	pünktlich
pusty,-a,-e (adj)	empty	leer
puzon	trombone	Posaune
R		
radosny,-a,-e (adj)	cheerful, joyful	fröhlich
rajstopy (pl)	pantihose, tights	Strumpfhose
rak	crayfish, cancer	Krebs
ramiączka (pl)	straps	Träger
rano	morning	Morgen
raz / dwa razy	once / twice	einmal / zweimal
razem	together	zusammen
regał	bookshelves	Regal
regularnie (adv)	regularly	regelmäßig
repertuar	repertoire	Repertoire
restauracja	restaurant	Restaurant
reżyser (masc), (fem)	director	Regisseur(in)
ręcznik	towel	Handtuch
ręka, ręce (pl)	hand,-s / arm,-s	Hand,¨-e
rękawiczki (pl)	gloves	Handschuhe
robić (imp) – zrobić (perf)	to make, to do	machen, tun
rodzeństwo (pl)	sibilings	Geschwister
rodzice (pl)	parents	Eltern
rodzina	family	Familie
rogaliki (pl)	croissants	Hörnchen
rok	year	Jahr
rolki (pl)	rollerblades	Inline-Skates
romantyczny,-a,-e (adj)	romantic	romantisch
rondo	roundabout	Kreisverkehr
Rosja	Russia	Russland
Rosjanin (masc), **Rosjanka** (fem)	Russian	Russe, Russin
rosyjski,-a,-ie (adj)	Russian	rusisch
rosół	broth	Kraftbrühe
rower	bicycle	Fahrrad

rozbierać (się) (imp) – rozebrać (perf)	to undress, to take off	(sich) ausziehen
rozmawiać	to talk, to speak	sprechen
róża	rose	Rose
różowy,-a,-e	pink	rosa
rura	pipe	Rohr
ryba, ryby (pl)	fish	Fisch,-e
ryż	rice	Reis
rzadko (adv)	rarely	selten
rzeka	river	Fluss
rzeźbiarz (masc), rzeźbiarka (fem)	sculptor	Bildhauer(in)

S

sala	hall, classroom	Saal, Klassenraum
salon	living room	Wohnzimmer
sałata	lettuce	Salat
sałatka	salad	gemischter Salat
sam (adv)	1. by oneself, 2. alone	1. selbst, 2. allein
samochód	car	Wagen
samolot	plane	Flugzeug
sandały (pl)	sandals	Sandalen
sąsiad (masc), sąsiadka (fem)	neighbour	Nachbar(in)
sekretarz (masc), sekretarka (fem)	secretary	Sekretär(in)
ser biały / ser żółty	soft white cheese / firm yellow cheese	Frischkäse / Käse
serdeczny,-a,-e (adj)	warm, hearty	herzlich
sernik	cheesecake	Käsekuchen
serwetka	napkin	Serviette
serwować	to serve	servieren
sezam	sesame	Sesam
sezon	season	Saison
siedem	seven	sieben
siedzieć	to sit	sitzen
silny,-a,-e (adj)	strong	stark
siostra	sister	Schwester
siostrzenica	niece	Nichte
skarpetki (pl)	socks	Socken
skąd	where from	woher
sklep	shop	Geschäft
sklep obuwniczy	shoe shop	Schuhladen
sklep odzieżowy	clothes shop	Konfektionsgeschäft
sklep spożywczy	grocery	Lebensmittelgeschäft
skrzypce (pl)	violin	Geige
skrzyżowanie	junction (BRIT), intersection (US)	Kreuzung
skuter	scooter	(Motor)roller
slipy (pl)	briefs	Herrenslip
słabo (adv)	weakly	schwach
słodki,-a,-ie (adj)	sweet	süß
słodycze (pl)	sweets (BRIT), candy (US)	Süßigkeiten
słonecznie (adv)	sunny	sonnig
słoneczny,-a,-e (adj)	sunny	sonnig
słońce	sun	Sonne
słownik	dictionary	Wörterbuch
słuchać	to listen	hören
słyszeć	to hear	hören
Smacznego!	Bon appetit!	Guten Appetit!
smaczny,-a,-e (adj)	tasty	lecker
smutny,-a,-e (adj)	sad	traurig
sobota	Saturday	Samstag
sojowy,-a,-e (adj)	soya	Soja-
sok	juice	Saft

sos	sauce	Soße
sól	salt	Salz
spacerować	to walk	spazieren
spać	to sleep	schlafen
spaść	to fall	fallen
spodnie (pl)	trousers (BRIT), pants (US)	Hose
sportowiec (masc), (fem)	sportsperson	Sportler(in)
sporty zimowe (pl)	winter sports	Wintersporte
spotykać się (imp) – spotkać się (perf)	to meet	sich treffen
spódnica	skirt	Rock
spóźniać się (imp) – spóźnić się (perf)	to be late	sich verspäten
sprzedawać (imp) – sprzedać (perf)	to sell	verkaufen
sprzedawca (masc), sprzedawczyni (fem)	salesman, saleswoman	Verkäufer(in)
stacja	station	Station
stać	to stand	stehen
Stany (Zjednoczone)	the (United) States	die (Vereinigten) Staaten
stary,-a,-e (adj)	old	alt
staw	pond	Teich
steward (masc), stewardesa (fem)	cabin crew	Flugbegleiter(in)
sto	hundred	hundert
stolica	capital city	Hauptstadt
stopa, stopy (pl)	foot, feet	Fuß,-̈e
stół, stoły (pl)	table,-s	Tisch,-e
strasznie (adv)	terribly	schrecklich
strudel z jabłkami	apple strudel	Apfelstrudel
strumyk	brook	Bach
strych	attic, loft	Dachboden
styczeń	January	Januar
sukces, sukcesy (pl)	success,-es	Erfolg,-e
sukienka	dress	Kleid
sweter	sweater (US), jumper (BRIT)	Pullover
sympatyczny,-a,-e (adj)	nice, friendly	sympathisch
syn	son	Sohn
synowa	daughter-in-law	Schwiegertochter
sypialnia	bedroom	Schlafzimmer
szachy (pl)	chess	Schach
szafa	wardrobe	Schrank
szalik	scarf	Schal
szampan	champagne	Sekt, Champagner
szampon	shampoo	Shampoo
szarlotka	apple pie	Apfelkuchen
szczęście	luck, happiness	Glück
szczęśliwy,-a,-e (adj)	happy	glücklich
szczoteczka do zębów	toothbrush	Zahnbürste
szczupły,-a,-e (adj)	slim	schlank
szef	boss	Chef
szklanka	glass	Glas
szkodzić	to be bad for sb/sth	schaden
szkoła	school	Schule
szlafrok	dressing gown	Schlafrock
szminka	lipstick	Lippenstift
sznycel	rissole (BRIT), schnitzel (US)	Schnitzel
szpilki	stilettos	Stöckelschuhe
szpinak	spinach	Spinat
szpital	hospital	Krankenhaus
szuflada	drawer	Schublade
Szwajcaria	Switzerland	Schweiz

Szwajcar (masc), **Szwajcarka** (fem)	Swiss	Schweizer(in)
szwajcarski,-a,-ie (adj)	Swiss	schweizerisch
Szwecja	Sweden	Schweden
Szwed (masc), **Szwedka** (fem)	Swede	Schwede, Schwedin
szwedzki,-a,-ie (adj)	Swedish	schwedisch
szyja	neck	Hals
szympans	chimpanzee	Schimpanse
szynka	ham	Schinken
Ś		
ślimak	snail	Schnecke
śliwka, śliwki (pl)	plum,-s	Pflaume,-n
ślub	wedding	Trauung
śmiać się	to laugh	lachen
śmietana	cream	Sahne
śmietanka	cream	Kaffeesahne
śmigus-dyngus	Easter Monday tradition of dousing with water	Brauch des Bespritzens mit Wasser am Ostermontag
śniadanie	breakfast	Frühstück
śnieg	snow	Schnee
śpiewać	to sing	singen
środa	Wednesday	Mittwoch
świeca	candle	Kerze
świecić	to shine	scheinen
świetny,-a,-e (adj)	excellent	großartig
Święta Wielkanocne	Easter	Ostern
Święta Zmartwychwstania Chrystusa	Holiday of the resurrection of Christ (Easter)	Fest der Christusauferstehung
T		
tak	yes	ja
taki,-a,-ie	this	dieser, diese, dieses
taksówka	taxi	Taxi
talerz	plate	Teller
talerzyk	saucer	Unterteller
tam	there	dort
tamburyno	tambourine	Tamburin
tancerz (masc), tancerka (fem)	dancer	Tänzer(in)
tani,-ia,-ie (adj)	cheap	billig
tańczyć	to dance	tanzen
taras	terrace	Terrasse
tarta	tart	Tart
tato/tata	dad	Vati
teczka	briefcase	Tasche
telewizja	TV	Fernsehen
telewizor	TV (set)	Fernseher
termin	deadline, appointment	Termin
teraz	now	jetzt
teściowa	mother-in-law	Schwiegermutter
teść	father-in-law	Schwiegervater
też	too, as well	auch
tęcza	rainbow	Regenbogen
tędy	this way	da (ent)lang
tłumacz (masc), tłumaczka (fem)	translator	Dolmetscher(in)
to	this	das
tort	cream cake, layer cake	Torte
tradycyjny,-a,-e (adj)	traditional	traditionell
tramwaj	tram	Straßenbahn
trawa	grass	Gras
trąbka	trumpet	Trompete
trener (masc), trenerka (fem)	coach, trainer	Trainer(in)

trenować	to train, to coach	trainieren
treser	trainer	Dresseur
tresować	to train	dressieren
truskawka, truskawki (pl)	strawberry,-ies	Erdbeere,-n
trzy	three	drei
trzydzieści	thirty	dreißig
tu	here	hier
tulipan, tulipany (pl)	tulip,-s	Tulpe,-n
tydzień	week	Woche
tylko	only, just	nur
typowy,-a,-e (adj)	typical	typisch
tytuł	title	Titel
U		
ucho, uszy (pl)	ear,-s	Ohr,-en
uczeń (masc), uczennica (fem)	pupil	Schüler(in)
uczyć się / uczyć (imp) – nauczyć się / nauczyć (perf)	to learn / teach	lernen / lehren
(u)gotować	to cook	kochen
ulgowy,-a,-e (adj)	reduced	mit Ermäßigung
ulica	street	Straße
ulubiony,-a,-e (adj)	favourite	beliebt, Lieblings-
umiarkowany,-a,-e (adj)	moderate	gemäßigt
umieć	to be able to	können
umywalka	washbasin	Waschbecken
upał	heat	Hitze
uprawiać	to play (sport) habitually	z.B. Sport treiben
uprzejmy,-a-e (adj)	courteous, polite	höflich
urlop	leave, holiday	Urlaub
urodziny (pl)	birthday	Geburtstag
urodzony,-a,-e (adj)	born, by birth	geboren
urzędnik (masc), urzędniczka (fem)	office worker, clerk	Beamte, Angestellte
usta	mouth	Mund
uszka (pl)	ravioli	kleine Teigtaschen, Tortellini
uwaga	attention	Achtung
W		
waga	scales	Waage
waluta	currency	Währung
wanilia	vanilla	Vanille
waniliowy,-a,-e (adj)	vanilla	Vanille-
wanna	bath tub	Badewanne
warsztat	workshop	Werkstatt
warzywa (pl)	vegetables	Gemüse
wata	cotton wool	Watte
ważny,-a,-e (adj)	important	wichtig
wąż	snake	Schlange
wczoraj	yesterday	gestern
weekend	weekend	Wochenende
wegetarianin (masc), wegetarianka (fem)	vegetarian	Vegetarier(in)
wegetariański,-a,-ie (adj)	vegetarian	vegetarisch
wesoły,-a,-e (adj)	cheerful, happy	fröhlich
weterynarz (masc), (fem)	veterinarian	Tierarzt, Tierärztin
wędliny (pl)	cold cuts	Wurstwaren
Węgry (pl)	Hungary	Ungarn
Węgier (masc), **Węgierka** (fem)	Hungarian	Ungar(in)
węgierski,-a,-ie (adj)	Hungarian	ungarisch
wiać	to blow (wind)	wehen
wiatr	wind	Wind
wiązać	to tie	binden

widelec	fork	Gabel
widzieć	to see	sehen
wieczór, wieczory (pl)	evening,-s	Abend,-e
wieczorem	in the evening	abends
wiedzieć	to know (a fact)	wissen
Wielkanoc	Easter	Ostern
wieprzowina	pork	Schweinefleisch
wieprzowy,-a,-e (pl)	pork	Schweine-
wietrznie (adv)	windy	windig
więc (conj)	so, therefore	also
winda	lift (BRIT), elevator (US)	Lift
wino	wine	Wein
winogrona (pl)	grapes	Weintrauben
wiosna	spring	Frühling
Wisła	the Vistula	Weichsel
witać	to greet, to welcome	begrüßen
Włochy (pl)	Italy	Italien
Włoch (masc), **Włoszka** (fem)	Italian	Italiener(in)
włoski,-a,-ie (adj)	Italian	italienisch
wnuczek (masc), wnuczka (fem)	grandson, granddaughter	Enkel(in)
woda	water	Wasser
wodospad	waterfall	Wasserfall
woleć	to prefer	bevorzugen
wolny,-a,-e (adj)	free, single	frei
wołowina	beef	Rindfleisch
wódka	vodka	Wodka
wpisać	to write down, to put down	eintragen
wracać	to come back, to return	zurückkommen
wrzesień	September	September
wschód	east	Osten
wspaniały,-a,e (adj)	wonderful, splendid	wunderbar
wspólny	shared, joint, common	gemeinsam
wszyscy	everyone	alle
Wszystkiego najlepszego!	All the best!	Alles Gute!
wszystko	everything	alles
wtorek	Tuesday	Dienstag
wycieczka	trip, excursion	Ausflug, Exkursion
wyglądać	to look, to long for	aussehen
wygodny,-a,-e (adj)	comfortable	bequem
wysoki,-a,-ie (adj)	tall, high	groß, hoch
wysportowany,-a,-e (adj)	athletic, fit	sportlich
wystawa	exhibition, display	Ausstellung
wzrost	height	Größe
Z		
z (prep)	from, with	aus, mit
za (prep)	behind, for	hinter, für
zachmurzenie	cloudiness	Bewölkung
zachód	west	Westen
zaczynać (imp) – zacząć (perf)	to start, to begin	beginnen
zadzwonić	to ring, to call	anrufen
zajęty,-a,-e (adj)	1. busy, 2. taken, occupied	1. beschäftigt, 2. besetzt
zakupy (pl)	shopping	Einkäufe
zauważyć	to notice	bemerken, wahrnehmen
zawodowy,-a,-e (adj)	professional	beruflich
zawód	profession	Beruf
zawsze	always	immer
zazwyczaj	usually	gewöhnlich
zdjęcie, zdjęcia (pl)	photograph,-s	Foto,-s

zdrowie	health	Gesundheit
zdrowy,-a,-e (adj)	healthy	gesund
ząb, zęby (pl)	tooth, teeth	Zahn,¨e
zegarek	watch	(Armband)Uhr
zepsuty,-a,-e (adj)	spoiled, broken	kaputt, defekt
zero	zero	Null
zeszyt, zeszyty (pl)	notebook,-s	Heft,-e
zielony,-a,-e (adj)	green	grün
ziemniak, ziemniaki (pl)	potato,-es	Kartoffel,-n
zięć	son-in-law	Schwiegersohn
zima	winter	Winter
zimno (adv)	cold	kalt
zimny,-a,-e (adj)	cold	kalt
zlew	sink	Spülbecken
złoty	1. gold, 2. Polish currency	1. golden, 2. die polnische Währung
znaczek, znaczki (pl)	stamp,-s	Briefmarke,-n
znaczyć	to mean, to mark	bedeuten
znać	to know (to be acquainted with)	kennen
znad (prep)	from, above	von
znowu	again	wieder
zostać	to stay, to remain	bleiben
zupa	soup	Suppe
zwierzę, zwierzęta (pl)	animal,-s	Tier,-e
Ź		
źle (adv)	wrongly, poorly	falsch, schlecht
Ż		
żaba	frog	Frosch
żakiet	ladie's jacket	Jackett
że (conj)	that	dass
żelki (pl)	jelly, candy	Gummibärchen
żona	wife	Ehefrau
żółty,-a,-e (adj)	yellow	gelb
żółw	tortoise	Schildkröte
„Żubrówka" (wódka)	bison brand vodka	polnischer Wodka „Grasovka"
żur(ek)	soup made with fermented rye flour	Sauermehlsuppe
życie	life	Leben
życzenia (pl)	wishes	Wünsche
życzyć	to wish	wünschen
żyć	to live	leben

Klucz

1. Owoce i warzywa

owoce:
- 9 jabłko
- 10 gruszka
- 12 banan
- 11 ananas
- 8 truskawka
- 7 śliwka

warzywa:
- 1 pomidor
- 6 ogórek
- 4 kapusta
- 2 ziemniak
- 5 por
- 3 sałata

2. Bluzka, szynka, bułka…

1. bluzka
2. truskawka
3. papryka
4. lalka
5. kaczka
6. piłka
7. kurtka
8. żaglówka
9. szynka
10. torebka
11. bułka
12. książka
13. ręka

3. Jaki on jest?

Darek jest:
1. stary
2. szczupły
3. zdrowy
4. wesoły
5. wysportowany
6. przystojny
7. wysoki
8. mądry
9. niesympatyczny

Marek ma:
1. drogi samochód
2. mały dom
3. brzydki ogród
4. stary garaż
5. jasny salon
6. wygodny fotel
7. agresywnego psa

4. Kolory

A.
1. pomarańcza
2. noc
3. niebo
4. czekolada
5. śliwka
6. ogórek
7. truskawka
8. śnieg
9. cytryna
10. tęcza

B.
1. niebieski
2. pomarańczowy
3. biały
4. zielony
5. żółty
6. brązowy
7. czarny
8. czerwony
9. fioletowy
10. różowy

C.

Poziomo:
3. niebieski
5. pomarańczowy, -a
8. biały
9. fioletowy
10. brązowy, -a

Pionowo:
1. zielony
2. kolorowy, -a
4. czarny
6. czerwony, -a
7. żółty, -a

5. Paweł umie… prawie wszystko

1. siedzieć
2. chodzić
3. mówić
4. pisać
5. oszczędzać
6. golić się i wiązać
7. prowadzić
8. flirtować
9. gotować
10. grać
11. tańczyć
12. czekać
13. opowiadać
14. słuchać
15. śmiać się

6. Kot to nie koc

1. ogórek
2. kot
3. kuchenka
4. apteczka
5. oko
6. kwiaciarnia
7. plecak
8. lis
9. łóżko
10. miasto
11. balon
12. nos
13. piekarz
14. ser
15. spódnica

7. Czy to prawda?

1. prawda
2. fałsz
3. fałsz
4. prawda
5. fałsz
6. prawda
7. fałsz
8. fałsz
9. fałsz
10. fałsz
11. prawda
12. fałsz
13. prawda
14. fałsz
15. fałsz

8. Kucharka, aktorka, sekretarka…

A.
→: nauczycielka, kelnerka, pisarka, dziennikarka
←: tłumaczka, projektantka
↑: fryzjerka, lekarka
↓: asystentka, aktorka, sekretarka, kucharka, malarka, tancerka

B.
kobieta, mężczyzna
1. aktorka, aktor
2. projektantka, projektant
3. tłumaczka, tłumacz
4. asystentka, asystent
5. fryzjerka, fryzjer
6. nauczycielka, nauczyciel
7. kelnerka, kelner
8. kucharka, kucharz
9. dziennikarka, dziennikarz
10. malarka, malarz
11. pisarka, pisarz
12. tancerka, tancerz
13. sekretarka, sekretarz
14. lekarka, lekarz

9. Dlaczego? Bo...
1. l   4. g   7. h   10. b
2. i   5. k   8. e   11. j
3. a   6. c   9. d   12. f

10. Oferta kulturalna
Marek – 6
pani Ania – 2
Maciek – 5
pan Piotr – 4
pan Zenon – 3
Basia – 1

11. Hotel, fotel
A.
1. balk**on**, makar**on**
2. telewiz**or**, kalkulat**or**
3. kurcz**ak**, plec**ak**
4. zegar**ek**, kwiat**ek**
5. hot**el**, fot**el**
6. biuston**osz**, liston**osz**
7. lek**arz**, mal**arz**
8. fryzj**er**, keln**er**

B.
1. biustonosz
2. listonosz
3. zegarek
4. kwiatek
5. plecak
6. balkon
7. fotel

12. Lista zakupów
Marzena: 5
Maria: 6
Zuzia i Mirek: 3
pani Gawęda: 1
Barbara: 2
pan Majewski: 4
Krzysztof: 7
Oskar: 8

13. Co na zimę? Co na lato?
A.
8 kożuch   15 rękawiczki (pl)
4 bikini   11 kozaki (pl)
5 spodnie   1 kapelusz słomkowy
   narciarskie (pl)   16 sandały (pl)
9 kąpielówki (pl)   7 czapka z daszkiem
12 szalik   3 okulary słoneczne (pl)
2 czapka futrzana   13 bluzka na ramiączkach
14 krótkie spodnie (pl) 6 sukienka
10 klapki (pl)

B.
Ubranie dobre na lato: kąpielówki, bluzka na ramiączkach, sandały, krótkie spodnie
Ubranie dobre na zimę: czapka futrzana, szalik, rękawiczki, kozaki

C.
1. futrzana czapka
2. słoneczne okulary
3. spodnie narciarskie
4. słomkowy kapelusz
5. krótkie spodnie
6. bluzka na ramiączkach
7. czapka z daszkiem

14. Polska, Polak, Polka
A.
→: Anglia, Czechy, Austria, Finlandia, Norwegia, Niemcy, Francja
↓: Portugalia, Rosja, Hiszpania, Grecja, Irlandia, Polska, Szwecja, Węgry, Belgia, Włochy

B.
1. Anglik, Angielka
2. Austriak, Austriaczka
3. Belg, Belgijka
4. Czech, Czeszka
5. Fin, Finka
6. Francuz, Francuzka
7. Grek, Greczynka
8. Hiszpan, Hiszpanka
9. Irlandczyk, Irlandka
10. Niemiec, Niemka
11. Norweg, Norweżka
12. Polak, Polka
13. Portugalczyk, Portugalka
14. Rosjanin, Rosjanka
15. Szwed, Szwedka
16. Węgier, Węgierka
17. Włoch, Włoszka

15. Pisarz pisze
1. pisarz   9. dekorator
2. pływak   10. moderator
3. malarz   11. kompozytor
4. tancerz   12. sprzedawca
5. pracownik   13. kontroler
6. treser   14. programista
7. trener   15. projektant
8. dyrygent   16. fotograf

16. O której godzinie? Kiedy?
A.
1. 7:10
2. 20:00
3. 24:00
4. 11:15
5. 12:00
6. 16:30
7. 22:00

B.
2 rano
6 wieczorem
3 przed południem
1 w nocy
7 o północy

5 po południu
4 w południe

C.
1. Rano
2. Wieczorem
3. O północy
4. Przed południem
5. W południe
6. Po południu
7. W nocy

17. Co to jest?
1. nos
2. mak
3. bar
4. sok
5. rak
6. hak
7. las
8. kot
9. por
10. lok
11. rok
12. wok
13. noc

18. SMS do...
1. SMS do koleżanki
2. SMS do szefa
3. SMS do córki
4. SMS do mamy
5. SMS do męża
6. SMS do syna

19. Nie wiem...
1. gdzie
2. dlaczego
3. kiedy
4. czy
5. o kim
6. z czym
7. o czym
8. z kim, czy
9. jak
10. kto
11. co
12. kogo
13. co
14. dlaczego
15. o której
16. ile

20. Kartka z urlopu w Grecji
1. Tato
2. Serdeczne
3. urlopie
4. Grecji
5. Mieszkamy
6. morza
7. piękna
8. gorąco
9. pływamy
10. brązowy
11. hotelu
12. tańczymy
13. wycieczce
14. Zwiedziliśmy
15. grecki
16. jedzenie
17. Wracamy
18. Całujemy

21. Czy oni dobrze reagują?
1. nie
2. tak
3. nie
4. tak
5. nie
6. nie
7. nie
8. tak
9. nie
10. tak
11. nie
12. nie

22. On / Ona jest chirurgiem
A.
1 bankowiec
4 fotograf
9 muzyk
10 polityk
5 informatyk
7 kierowca
11 sportowiec
2 chirurg
12 weterynarz
3 elektryk
8 mechanik
6 inżynier

B.
Poziomo:
3. fotograf
4. muzyk
7. bankowiec
8. chirurg
9. weterynarz
10. elektryk

Pionowo:
1. sportowiec
2. polityk
5. kierowca
6. informatyk

rozwiązanie: technik

23. Dom
A.
1 strych
5 łazienka
10 garaż
9 piwnica
3 sypialnia
2 pokój dziecka
11 taras
8 salon
7 kuchnia
6 toaleta
4 balkon

B.
Poziomo:
3. sypialnia
6. salon
7. łazienka
9. garaż
10. toaleta

Pionowo:
1. taras
2. piwnica
4. przedpokój
5. balkon
8. strych

24. Oni marzą o...
1. nowych butach
2. domu z ogrodem
3. dziecku
4. urlopie w Egipcie
5. nowym iPodzie
6. lodach czekoladowych
7. weekendzie w Paryżu
8. zimnym piwie
9. psie
10. romantycznej kolacji przy świecach
11. rowerze górskim
12. superszybkim samochodzie

25. Komplementy
1. c
2. a
3. b
4. e
5. d
6. f
7. j
8. i
9. h
10. g

26. Gdzie?
1. między
2. w
3. pod
4. nad
5. obok
6. na
7. przed
8. za

27. Prognoza pogody
A. 1 – 3 – 2 – 4
B.
1. propaganda, Prognoza
2. słowik, słońce
3. śnieg, wiatr
4. mroźno, ciepło
5. zakupy, opady
6. truskawka, temperatura

28. Kto ma dzisiaj imieniny?
1 maja: M / K
2 maja: M / M
3 maja: K / K
4 maja: K / M
5 maja: M / M
6 maja: K / M
7 maja: M / K

1 maja	2 maja	3 maja	4 maja
Jakub	Zygmunt	Maria	Monika
Magdalena	Filip	Joanna	Jan
5 maja	**6 maja**	**7 maja**	
Waldemar	Judyta	Piotr	
Aleksander	Benedykt	Małgorzata	

29. Lekarz, konduktor, dentysta...
1. aktor
2. konduktor
3. lekarz
4. weterynarz
5. dentysta
6. pianista
7. sprzedawca
8. kierowca
9. urzędnik
10. mechanik
11. kelner
12. fryzjer

30. Co oni mówią?
1. – Smacznego.
   – Nawzajem.
2. – Aaaapsik.
   – Na zdrowie.
3. – Przepraszam.
   – Nic nie szkodzi.
4. – Bardzo dziękuję.
   – Nie ma za co.
5. – Czy to miejsce jest wolne?
   – Nie, zajęte. Ale ja jestem wolny.
6. – Czy można prosić popielniczkę?
   – Nie, to sala dla niepalących.
7. – Nazywam się Bartłomiej Mruk.
   – Bardzo mi miło. Wesołowski.
8. – Jaki bilet? Normalny?
   – Nie, ulgowy.
9. – Czy coś jeszcze?
   – Nie, dziękuję to wszystko.
10. – Która jest godzina?
    – Nie mam zegarka.

31. Szafa, szympans, szuflada...
1. szafa
2. szachy
3. szuflada
4. szyja
5. szalik
6. szampon
7. szampan
8. szminka
9. szklanka
10. szympans
11. szlafrok
12. szkoła
13. szczoteczka
14. szynka

32. Wszystkiego najlepszego!
A. Boże Narodzenie
B. Wielkanoc
C. ślub
D. narodziny dziecka
E. urodziny
F. imieniny
G. zdany egzamin
H. pozdrowienia z urlopu

33. Skąd oni są? Co oni lubią?
1. z Polski – włoską pizzę
2. z Anglii – hiszpańską corridę
3. z Ameryki – niemieckie piwo
4. z Rosji – austriackie Alpy
5. z Hiszpanii – polskie pierogi
6. z Austrii – amerykański futbol
7. z Francji – rosyjską wódkę
8. z Grecji – angielską herbatę
9. z Niemiec – greckie oliwki
10. z Włoch – holenderski ser

34. Bartek był całe życie szczęśliwy
1. spał
2. ćwiczył
3. jadł
4. pił
5. spotykał się
6. jeździł
7. mył
8. kochał
9. pracował
10. śpiewał
11. pomagał
12. chodził
13. palił
14. kłócił się

35. Jestem z Polski
A.
1. w Austrii
2. w Hiszpanii
3. z Danii
4. w Portugalii
5. w Japonii
6. w Holandii
7. w Anglii
8. z Rosji
9. z Finlandii
10. z Belgii
11. w Szwajcarii
12. z Tunezji
13. z Turcji
14. w Szwecji
15. w Irlandii

B.
1. z Polski
2. w Niemczech
3. z Ameryki
4. z Czech
5. we Włoszech
6. w Stanach

36. Kuchnia
12 kuchenka	9 piekarnik
6 czajnik elektryczny	8 kosz na śmieci
4 lodówka	5 płyn do mycia naczyń
10 stół	1 szafka
11 krzesło	2 ekspres do kawy
7 zlew	3 kuchenka mikrofalowa

37. Jaka to kategoria?
1. czerwony – liczby
2. niebieski – dni tygodnia
3. wczoraj – miesiące
4. kiełbasa – zwierzęta
5. rower – warzywa
6. ser – pory dnia
7. wrzesień – kolory
8. herbata – alkohole
9. deszcz – pory roku
10. mleko – pieczywo
11. szafa – wędliny
12. Niemcy – miasta
13. Wisła – państwa
14. sobota – meble

38. Amelia gra na gitarze
A.
1 trąbka	12 tamburyno
2 pianino	8 kontrabas
5 fortepian	6 bęben
4 gitara	10 skrzypce
3 perkusja	11 keyboard
9 puzon	7 flet

B.
1. trąbce	7. flecie
2. pianinie	8. kontrabasie
3. perkusji	9. puzonie
4. gitarze	10. skrzypcach
5. fortepianie	11. keyboardzie
6. bębnie	12. tamburynie

39. Weronika jest wegetarianką
A.
1. pasztet	9. mięso mielone
2. banany (pl)	10. ogórki (pl)
3. cebula	11. papryka
4. kaczka	12. parówki (pl)
5. kapusta	13. pieczarki (pl)
6. kiełbasa	14. pomidory (pl)
7. kotlety sojowe (pl)	15. szynka
8. kurczak	16. ziemniaki (pl)

B.
Weronika: kotlety sojowe, cebula, pomidory, pieczarki, ziemniaki, kapusta, banany, papryka, ogórki
Michał: szynka, kurczak, pasztet, kaczka, mięso mielone, kiełbasa, parówki

40. Ulubiony…, ulubiona…, ulubione…
imię
nazwisko
1. film	8. muzyka
2. pisarz	9. książka
3. aktor	10. marka samochodu
4. kolor	11. dyscyplina sportu
5. owoc	12. pora roku
6. kwiat	13. ciasto
7. dzień tygodnia	14. zwierzę
	15. miasto
	16. wino

41. Łazienka
13 wanna	14 waga
11 umywalka	12 pralka
1 lustro	5 papier toaletowy
4 prysznic	2 szczoteczka do zębów
10 ręcznik	3 pasta do zębów
6 mydło	9 szampon
7 toaleta	8 proszek do prania

42. Ubrania
typowa szafa
kobiety:	unisex:
1 sukienka	10 kurtka
2 bluzka	11 T-shirt
3 żakiet	12 dżinsy
4 biustonosz	13 sweter
5 spódnica	14 spodnie
6 rajstopy	15 buty sportowe
7 figi	16 skarpetki
8 stringi	
9 szpilki	

typowa szafa mężczyzny:
17 garnitur
18 marynarka
19 slipy
20 krawat
21 koszula

43. Meble
A.

	obrazek I	obrazek II
szafa	v	
łóżko	v	v
biurko		v
fotel	v	
stół	v	v
krzesło		v
dywan	v	
lampka	v	v
sofa		v
regał	v	v
kwiatek		v

B.
→: szafa, krzesło, lampka, drzwi, komoda, dywan, kwiatek, biurko, lustro
↓: obraz, fotel, stół, regał, łóżko, sofa, okno, telewizor

44. Problemy w hotelu
A.
1. jest
2. nie działa
3. nie ma
4. nie działa
5. jest
6. jest
7. jest
8. nie ma
9. nie ma
10. nie ma
11. nie ma
12. jest

B.
a. 7
b. 4
c. 1
d. 2
e. 5
f. 8
g. 11
h. 3
i. 6
j. 12
k. 10
l. 9

45. Piękne ciało
A.
1 głowa
2 oko
6 ucho
5 szyja
3 nos
15 usta
8 brzuch
7 ręka
4 palec u ręki
12 noga
14 stopa
11 kolano
10 pośladki
13 palec u nogi
9 plecy

B.
1. ucho – uszy
2. stopa – stopy
3. kolano – kolana
4. oko – oczy
5. ręka – ręce
6. noga – nogi
7. palec – palce
8. pośladek – pośladki

C.
1. oko
2. stopa
3. ucho
4. plecy
5. kolana
6. nogi
7. brzuch
8. głowa
9. palce

46. Woda jest... wszędzie
3 wodospad
4 fontanna
6 rzeka
5 jezioro
1 morze
8 staw
10 basen
9 strumyk (górski)
7 kałuża
2 akwarium

47. Łyżka, widelec, nóż
3 talerz
1 łyżka
10 łyżeczka do herbaty
7 nóż
4 kieliszek do wina
14 sól
13 oliwa
6 talerzyk
9 szklanka
11 widelec
15 ocet
17 butelka
2 serwetka
5 kubek
8 filiżanka
16 pieprz
12 wykałaczki (pl)

48. Jaka jest pogoda?
A.
1 Pada deszcz.
3 Wieje wiatr.
5 Jest mróz, -15°C.
7 Pada grad.
9 Jest burza.
2 Pada śnieg.
4 Świeci słońce.
6 Jest upał, +35°C.
8 Jest mgła.
10 Jest duże zachmurzenie.

B.
1. pochmurno
2. słonecznie
3. deszczowo
4. mgliście
5. burzowo
6. mroźno
7. wietrznie

C.
1. Wieje
2. mróz
3. grad
4. świeci
5. Pada
6. Jest

49. Rodzina. Kto jest kim?
A.
mama, Teresa Kowalska z domu Nowak: 2, 5, 7, 18
tata, Tadeusz Kowalski: 3, 6, 13
córka, Laura Kowalska: 1, 4, 10
babcia, Stanisława Nowak – matka Teresy: 8, 9, 11, 14, 15, 16
dziadek, Henryk Kowalski – ojciec Tadeusza: 8, 12, 17

B.
a. Laura Kowalska.
b. Inżynierem.
c. 14 lat.
d. W domu.
e. Henryk Kowalski.

C.
1. a
2. b
3. b
4. a
5. a
6. c
7. c
8. a

50. Niemiec, Hiszpanka, Anglik
Poziomo:
4. Hiszpanka
7. Włoszka
8. Grek
9. Polak
12. Europejczyk
13. Austriak
14. Francuz
15. Anglik

Pionowo:
1. Amerykanka
2. Fin
3. Niemiec
5. Australijka
6. Angielka
10. Rosjanka
11. Duńczyk

51. Ulica
7 rondo
11 tramwaj
12 ulica
9 taksówka
6 motocykl
10 rower

1 autobus
8 samochód
13 skrzyżowanie
5 przystanek tramwajowy
2 chodnik
4 metro
3 kosz na śmieci

52. Miłego weekendu!
1. h   5. f   9. a   13. e
2. i   6. b   10. d
3. c   7. k   11. j
4. g   8. l   12. k

53. Jak się nazywa to zwierzę?
5 pies   8 kanarek
6 kot   3 pająk
9 chomik   4 królik
1 ryba   2 żółw
7 papuga

54. Miasto
A.
5 restauracja   2 szpital
7 kino   3 toaleta
9 kawiarnia   11 dworzec kolejowy
6 uniwersytet   12 lotnisko
4 muzeum   10 kantor
1 poczta   8 bank

B.
1. restauracja   7. muzeum
2. kino   8. lotnisko
3. uniwersytet   9. toaleta
4. poczta   10. bank
5. szpital   11. kantor
6. dworzec kolejowy   12. kawiarnia

55. Zimno mi
1. Zimno mi.
2. Miło mi.
3. Kocham cię.
4. Jestem głodny.
5. Chce mi się pić.
6. Słabo mi.
7. Nudzę się.
8. Podoba ci się?

56. Kto jeździ motocyklem?
A.
4 traktor   9 rower
2 autobus   1 samochód
6 skuter   7 ciężarówka
11 taksówka   3 motocykl
8 metro   10 pociąg
5 tramwaj

B.
1. Marek   7. Patryk
2. Kinga   8. Bazyli
3. Bartek   9. Justyna
4. Weronika   10. Barbara
5. Kuba   11. Asia
6. Agnieszka

57. Żółty ser czy biały ser?
1. żółty   7. bogaty
2. zielone   8. pełna
3. krótkie   9. chore
4. słodki   10. stary
5. interesujący   11. szczupła
6. mała   12. wesoły

58. Kleopatra była...
1. Austriakiem, kompozytorem
2. Niemcem, poetą
3. Polką, fizykiem, chemikiem i noblistką
4. Francuzką, projektantką mody
5. Polakiem, astronomem
6. Amerykaninem, królem popu
7. Angielką, autorką kryminałów
8. Anglikiem, reżyserem
9. Włochem, malarzem i rzeźbiarzem
10. Egipcjanką, królową
11. Niemką, aktorką i piosenkarką
12. Francuzem, generałem i cesarzem
13. Grekiem, matematykiem i filozofem
14. Francuzką, piosenkarką
15. Hindusem, politykiem i pacyfistą

59. Jaka to kuchnia?
1. japońska   6. grecka
2. polska   7. rosyjska
3. francuska   8. austriacka
4. amerykańska   9. chińska
5. włoska   10. niemiecka

60. Gdzie kupisz te produkty?
A.
13 gazeta   2 bilet tramwajowy
1 sól   7 papierosy
11 tulipany   4 bukiet
8 sandały   14 gramatyka języka polskiego
10 spodnie   15 buty sportowe
5 bułki   12 miód
6 kurtka   3 bluzka
9 słownik

B.
sklep spożywczy: sól, bułki, miody, papierosy
kiosk: gazety, bilety tramwajowe, papierosy
kwiaciarnia: tulipany, bukiety
sklep obuwniczy: sandały, buty sportowe
sklep odzieżowy: kurtki, spodnie, bluzki
księgarnia: gazety, słowniki, gramatyki języka polskiego

61. Dwa, trzy, cztery...
A.
1. trzy lustra
2. dwa jabłka
3. dwa łóżka
4. trzy okna

B.
1. dwie piłki
2. dwadzieścia cztery książki
3. cztery komórki
4. trzy kwiaty
5. trzydzieści trzy kieliszki

C.
1. dwie szafy
2. trzy sofy
3. dwa koty
4. trzy psy
5. cztery lampy
6. dwa regały
7. trzy stoły
8. trzy obrazy

D.
1. trzy fotele
2. dwa materace
3. dwa kosze na śmieci
4. trzy fotografie

62. Jaki prezent dla…?
A.
10 szachy　　　　8 perfumy
7 pierścionek　　5 praliny
12 wódka „Żubrówka"　11 wycieczka do Pragi
1 filiżanka　　　6 bilet do filharmonii
3 pies chihuahua　2 bukiet róż
9 słownik　　　　4 książka kucharska
　　　　　　　　　„Kuchnia chińska"

B.
a. bukiet róż　　g. perfumy
b. pierścionek　　h. praliny
c. wódka „Żubrówka"　i. wycieczka do Pragi
d. filiżanka　　　j. bilet do filharmonii
e. pies chihuahua　k. książka kucharska
f. słownik　　　　　„Kuchnia chińska"
　　　　　　　　　l. szachy

63. To są…
7 okulary　　　6 nożyczki
3 drzwi　　　　12 skrzypce
8 rajstopy　　　10 urodziny
1 majtki　　　　2 plecy
9 spodnie　　　5 kalesony
4 dżinsy　　　　11 usta

64. Co nie pasuje?
A.
1. szpinak　　　6. kapuśniak
2. bułki　　　　7. makowiec
3. mleko　　　　8. groszek
4. woda　　　　9. ziemniaki
5. bigos　　　　10. śmietana

B.
a. 4　　d. 5　　g. 8　　j. 10
b. 7　　e. 6　　h. 9
c. 3　　f. 2　　i. 1

65. Pierogi z kapustą
1. z musztardą　　9. z cukierkami
2. z bitą śmietaną　10. z sernikiem
3. z lodem　　　　11. z gumą do żucia
4. z majonezem　　12. z uszkami
5. z sokiem malinowym　13. z ryżem
6. z dżemem　　　14. z czekoladą
7. z papryką　　　15. z bigosem
8. z makiem

66. On jeździ na rowerze
1. na rowerze
2. na rolkach
3. na nartach
4. na hulajnodze
5. na deskorolce
6. na łyżwach
7. na snowboardzie
8. na skuterze
9. na koniu
10. na karuzeli

67. Sklepy
A.
10 stacja benzynowa　4 kiosk
2 sklep obuwniczy　　8 piekarnia
5 księgarnia　　　　　6 kwiaciarnia
3 cukiernia　　　　　1 apteka
9 sklep spożywczy　　7 sklep odzieżowy

B.
1. w cukierni
2. w sklepie obuwniczym
3. na stacji benzynowej
4. w aptece
5. w piekarni
6. w kwiaciarni
7. w kiosku
8. w sklepie spożywczym
9. w księgarni
10. w sklepie odzieżowym

C.
a. atlasy, gazety
b. spódnice, rogaliki
c. papierosy, sukienki
d. róże, książki
e. bilety, kozaki
f. frezje, gazety

68. Co oni robią?
1. oni czytają książki
2. oni opalają się
3. oni obserwują horyzont
4. oni spacerują
5. oni grają w bilard(a)
6. oni pływają
7. oni jedzą lody
8. oni tańczą
9. oni grają w karty
10. oni gotują
11. on robi drinki
12. oni piją wino
13. oni śpią
14. oni flirtują

69. Z czym oni mają problem?
1. z samochodem
2. z kartą bankomatową
3. z rurą w łazience
4. z matematyką

5. z orientacją w mieście
6. z parasolem
7. z fonetyką polską
8. z ortografią polską
9. z pieniędzmi
10. z szefem
11. z kotami
12. z paszportem

70. Mała czy duża litera?
A.
1. **P**olak, **P**olska, **p**olski, **P**oznań, **p**ies
2. **W**arszawa, **w**ino, **W**isła, **W**rocław, **W**łoch
3. **N**orwegia, **n**oga, **n**iemiecki, **N**iemiec, **n**oc
4. **A**ngielka, **a**merykański, **A**ustriak, **A**lpy, **a**ustriacki
5. **H**imalaje, **H**enryk, **h**otel, **h**ulajnoga, **H**elsinki
6. **F**rancja, **f**ilharmonia, **f**rancuski, **F**ilip, **f**iliżanka
7. **R**obert, **R**osja, **r**ak, **r**osyjski, **r**ower
8. **T**eresa, **t**rawa, **t**ruskawka, **T**atry, **t**ato
9. **B**elgia, **b**rzuch, **b**iologia, **b**elgijski, **B**ieszczady
10. **K**arkonosze, **k**asa, **K**raków, **K**rzysztof, **k**ino

B.
a. państwa
1. Polska, 2. Norwegia, 3. Francja, 4. Rosja, 5. Belgia
b. narodowości
1. Angielka, 2. Polak, 3. Włoch, 4. Niemiec, 5. Austriak
c. miasta
1. Kraków, 2. Poznań, 3. Warszawa, 4. Wrocław, 5. Helsinki
d. góry
1. Karkonosze, 2. Alpy , 3. Himalaje, 4. Tatry, 5. Bieszczady
e. imiona
1. Robert, 2. Henryk, 3. Filip, 4. Krzysztof, 5. Teresa

Notatki

Notatki

Notatki